Walter E. Butler

MAGISCHE LEHRSTUNDEN

DER MEISTER UND SEIN SCHÜLER

AURINIA VERLAG

WALTER E. BUTLER, »MAGSICHE LEHRSTUNDEN – DER MEISTER UND SEIN SCHÜLER«
Aus dem Englischen von Dorothea Jankowski
Mit einer Einleitung von Dolores Ashcroft-Nowicki
Herausgegeben von Robert B. Osten

Bibliografische Information der Deutschen Nationalbibliothek

Die Deutsche Nationalbibliothek verzeichnet diese Publikation in der Deutschen Nationalbibliografie; detaillierte bibliografische Daten sind im Internet über dnb.ddb.de abrufbar.

Umschlagdesign: Oliver Hahn
Umschlagfoto: fotolia.com
Satz und Herstellung: Beringer Books · www.beringerbooks.de

Printed in EU
ISBN 978-3-937392-63-9

1. Auflage

Besuchen Sie unsere Website: **www.aurinia-verlag.de**

INHALTSVERZEICHNIS

VORWORT

Dieses Buch bedarf nur eines kurzen Vorworts. Wie immer stand mir beim Schreiben das Ziel vor Augen, sowohl zu erleuchten als auch zu informieren, und so bemühe ich mich, die tieferen Schichten des Bewusstseins meiner Leser anzusprechen. Wie weit mir das gelingt, hängt von verschiedenen Faktoren ab, auf die ich zum Teil keine bewusste Kontrolle habe. Ich kann nur dieses Buch auf seine Mission senden und darauf vertrauen, dass es dem Leser hilft, die wunderbare Philosophie der Kabbala etwas besser zu verstehen.

Wieder muss ich meiner geduldigen Sekretärin, Mrs. Hilda Eastburn, für ihre Hilfe bei der Vorbereitung des Buches und für das Abtippen des Manuskripts danken. Unter teilweise schwierigsten Bedingungen war sie mir bei der ersten Fassung die größte Hilfe.

Dankbar bin ich auch dem Leiter der Society of the Inner Light für seinen Rat und seine Hilfe.

Schließlich danke ich allen Leserinnen und Lesern meiner früheren Bücher, die mir geschrieben haben. Möge sich dieses Buch derer würdig erweisen, denen ich es widme, den wahren Repräsentanten der darin dargelegten Philosophie, denen ich mehr verdanke als ich sagen kann.

Southampton, 1963
Walter E. Butler

EINLEITUNG

Dies ist insofern ein ungewöhnliches Buch über die Kunst der Magie, als dass es in der Ich-Perspektive geschrieben ist. Die meisten Bücher über Magie sprechen den Leser fast wie vom Rednerpult her an. In diesem Fall ist es ein Lehrmeister, der dem Lehrling eins zu eins gegenübertritt. Das gibt dem Material eine sehr persönliche Intimität. Auf mich machte das einen großen Eindruck. Viele Jahre später (2005/2006) benutzte ich dieselbe Art der Ansprache, als ich »Your Inner Power« (Deine innere Kraft) schrieb und aufnahm.

Über das gesamte Buch hinweg wird davon ausgegangen, dass der Leser ein echter Lehrling ist, der die detaillierten Trainingseinheiten des Meisters durchläuft. Ernest Butler war voll und ganz davon überzeugt: Magie ist nichts für spezielle Tage oder Zeiten des Jahres, sondern sollte vielmehr ein lebendiger Teil des eigenen Lebens sein. Sie müsse tagtäglich gebraucht werden – bei der kleinsten bis hin zur höchsten Angelegenheit.

Für ihn war es ab einem Alter von fünfzig Jahren sein Leben. Sein Stil zu Schreiben könnte Ihnen, der Sie dieses Buch über vierzig Jahre später lesen, altmodisch und unzeitgemäß erscheinen. Aber trotzdem achtete er darauf, die Dinge klar und leicht verständlich zu beschreiben. Sein persönlicher Stil zu Lehren zeigt sich hier von seiner besten Seite.

Schritt für Schritt führt er seinen Lehrling durch eine ausführliche Erläuterung des Themas. Er weist auf die Art der Fehler hin, die gemacht wurden (wobei einige in der Art noch heute gemacht werden) und bietet Tipps an, wie man mit Rückschlägen umgehen kann. Er lobt, wenn es angemessen ist. Bevor ich dieses Vorwort geschrieben habe, las ich das Buch noch einmal. Und selbst nach all den vielen Jahren, hatte ich dabei dasselbe Gefühl, in seinem 300 Jahre alten Cottage zu sitzen und ihm beim Reden zuzuhören.

Vielleicht haben Sie Ihre Reise auf dem magischen Weg bereits begonnen. Falls ja, so werden Sie viel entdecken, das Ihnen dabei hilft, sie auf diesem Weg zu unterstützen und Ihr Verständnis verbessert. Sofern das Thema noch neu für Sie ein sollte, oder Sie noch unentschlossen sind, den Schritt zu machen, dann wird Ihnen dieses Buch dabei helfen, eine Entscheidung zu treffen. Lesen und hören Sie, was ein wahrer Meister der Magie Ihnen über die zeitliche Kluft von beinahe zwei Generationen hinweg zu sagen hat. Lehrer wie er sind selten. Seine Geduld war grenzenlos, sein Wissen gewaltig und seine Liebe den Menschen gegenüber steht außer Zweifel.

Jene von uns, welche die Ehre hatten, ihn als Freund und Lehrer persönlich zu kennen, werden sich mit Liebe, Stolz und Dankbarkeit an ihn erinnern und ihn als das sehen, als was man ihn auch tatsächlich bezeichnete … als »Le Grande Maître«.

Dolores Ashcroft-Nowicki
Jersey, im Januar 2012

KAPITEL I
GUT, DASS WIR UNS GETROFFEN HABEN

Sie möchten den Weg der Hohen Magie gehen. Da steigen viele Fragen in mir auf, wenn ich Ihren Brief lese. Sie scheinen von dem aufrichtigen Wunsch erfüllt, doch bevor ich Sie als Schüler annehmen kann, möchte ich einige Fragen klären, die durch Ihr Ansuchen aufgeworfen werden. Vor allem dürfte es für uns beide nützlich sein festzustellen, inwiefern wir die gleiche Sprache sprechen.

Natürlich benutzen wir die selbe Muttersprache, doch ich frage mich, ob Ihnen klar ist, wie leicht der Versuch misslingen kann, einem anderen Menschen seine Ideen auf sinngemäß richtige Weise zu vermitteln? Die heute gebräuchlichen Methoden der Kommunikation sind äußerst effizient, doch hier geht es um die Frage, sind die Ideen in ihrer vollen Bedeutung und ohne jede Verzerrung vermittelbar? Das ist eine ganz andere Frage, und es ist von äußerster Wichtigkeit, dass wir unsere Kommunikationsmethoden so verwenden, dass die Ideen, die wir vermitteln wollen, ohne Verzerrung durch uns von den Anderen empfangen werden können.

Ich habe eine bestimmte Lehre, bestimmte Ideen und Anweisungen, die ich Ihnen vermitteln muss, wenn Sie mein Schüler werden wollen. Aber welche vorgefassten Ideen haben Sie zu diesen Fragen?

Neulich warf mir ein alter Freund vor, allerlei okkulte Ideen zu vermischen und das Ergebnis »Magie« zu nennen.

All meine Bemühungen, ihn von dieser falschen Meinung abzubringen, schlugen fehl, und dies aus gutem Grund. Seine Vorstellung von »Magie« umfasst nicht das riesige System abgestufter Unterweisungen und Übungen der westlichen Geheimlehren. In diese Geheimlehren wurde ich eingeweiht, und nur mit ihnen beschäftige ich mich.

Wenn Sie etwas über die wundervolle östliche Magie erfahren wollen, über Yogamethoden, die Sie befähigen, jene Wunder zu vollbringen, die üblicherweise mit Yoga in Zusammenhang gebracht werden, dann müssen Sie sich, fürchte ich, anderswo umsehen. Über diese Wunder wird in der westlichen Welt viel Unsinn verbreitet. Einige auf rein körperliche Übungen reduzierte Hatha-Yoga-Methoden haben weite Verbreitung gefunden, und fast jede Woche liest man in populären Zeitschriften, dass irgendeine Schauspielerin oder ein Geschäftsmann die Gesundheit wiedererlangt hat, indem er oder sie jeden Morgen einen Kopfstand macht oder Pranayama übt.

Vor vielen Jahren habe ich diese Dinge in Indien bei einer kleinen Gruppe von Hindus, die auf diesem Gebiet Experten waren, studiert, und ich weiß, was für eine wunderbare Sache Yoga ist. Was man im Westen als Yoga bezeichnet, ist jedoch nur ein kleiner Teil des Ganzen. Außerdem – und das ist ein bemerkenswerter Punkt – ist östliches Yoga für östliche Menschen und Verhältnisse bestimmt und, abgesehen von den einfachsten Formen, für westliche Menschen ungeeignet. Im Zusammenhang damit ist die östliche Psyche anders als die westliche, und Anweisungen, die ein östlicher Schüler leicht befolgen kann, können bei westlichen Schülern, die sie auszuführen versuchen, starke innere Widerstände auslösen. Ich möchte die östlichen Systeme nicht herabsetzen, denn ich kenne ihren Wert, doch ich bin überzeugt, dass die für den westlichen Menschen entwickelten traditionellen Methoden des Westens für uns die besten sind. »Jedem Menschen seinen eigenen Meister. Wie kannst du über den Diener eines anderen urteilen? Für seinen eigenen Meister steht oder fällt er.«

Wie ist Ihre Reaktion auf diese Sichtweise? Wenn Sie mein Schüler werden wollen, müssen Sie den westlichen Methoden folgen; ebenso – und hier beginnen die meisten Schwierigkeiten – müssen mir Ihr Ehrenwort geben, dass Sie die Techniken nicht vermischen werden; das heißt, Sie dürfen nicht Teile anderer Methoden in die Übungen, die Sie von mir bekommen werden, einfügen.

Vielleicht sind Sie, wie viele Menschen, der Meinung, dass Magie östlicher Herkunft sei, und möchten gerne wissen, was ich darunter verstehe. Das ist eine berechtigte Frage und ich will versuchen sie ehrlich zu beantworten. Sie sagen, Sie haben meine Bücher gelesen. In beiden habe ich «Magie« in den Worten eines meiner Lehrer definiert als »die Kunst, willentlich Bewusstseinsveränderungen herbeizuführen«. Ich frage mich, ob ich mich bei meiner Erklärung dieser Definition klar genug ausgedrückt habe. Offenbar nicht, denn ich habe von verschiedenen Menschen Briefe erhalten, die nicht dieser Meinung waren. Warum sollte eine Bewusstseinsveränderung, ob willentlich oder unwillentlich, so mächtige Wirkungen haben, dass ihre Manifestationen von alters her ehrfurchtsvoll »Magie« genannt werden? Wie Sie lernen werden (falls ich Sie zur Ausbildung annehme), basieren alle magischen Operationen darauf, dass der Mensch, der als »Mikrokosmos«, das kleine Universum, bezeichnet wird, und das äußere Universum, der »Makrokosmos«, eine wesentliche Einheit bilden. Diese Einheit besteht seit Beginn der Manifestation, doch das normale Wachbewusstsein besitzt nicht die Schlüssel zu seinem inneren Reich. Nur unter überwältigendem Stress, oder unter für Geist und Körper anomalen Bedingungen, manifestieren sich die latenten Kräfte des inneren magischen Menschen. Tief in diesem inneren Reich befindet sich der »Nährboden«, wo der Kontakt zwischen den Kräften des äußeren Universums und dem inneren Universum des Menschen stattfindet. Legen wir den Schwerpunkt auf die Bewusstseinsveränderung, damit sich diese Kräfte und Energien durch den Kanal der menschlichen Persönlichkeit manifestieren.

Alle magischen Wirkungen gehen also von hier aus, und die bei Zeremonien und Ritualen benützten Utensilien sind Hilfsmittel zur Erweckung der inneren Kräfte. Nach unserer westlichen Tradition werden diese Dinge auf eine besondere Weise und mittels einer uralten Technik gelehrt. Wenn Sie diese Technik in ihrer Gesamtheit befolgen, wird Ihnen in einem bestimmten Stadium der Schlüssel zu Ihrem inneren Reich in die Hand gelegt, wodurch Sie die Fähigkeit erwerben, Ihren Bewusstseinszustand nach Belieben zu verändern. Wie Sie diese Macht anwenden, liegt ganz an Ihnen, doch glauben Sie mir, wenn Sie diese Kraft missbrauchen, werden Sie es zutiefst bereuen. Das ist für mich keine theoretische Warnung. Ich verbreite keine Geschichten aus zweiter Hand. Ich habe die Folgen solchen Machtmissbrauchs selbst gesehen und kann nur sagen, dass ich mich hüten würde, diesen Fehler zu begehen.

Natürlich ist es möglich, dass Sie Fehler machen werden; alle Schüler auf allen Gebieten machen Fehler. Doch durch diese Fehler lernen sie ihre Kraft kennen, denn die Disziplin, die man aufwenden muss, um die Fehler wiedergutzumachen, führt zur Vervollkommnung. Hierbei handelt es sich jedoch um Fehler, die erkannt werden, und die schlimmsten Folgen können durch den Lehrer abgewendet werden.

Dies bringt mich zum nächsten Punkt, den ich mit Ihnen erörtern möchte. Sie haben mich gebeten, Sie in der Kunst der Hohen Magie zu unterweisen. Warum wünschen Sie dies zu lernen? Welches ist Ihr wahrer Beweggrund? Geben Sie sich nicht der Täuschung hin, diese Frage beantworten zu können, ohne sehr sorgsam darüber nachgedacht zu haben. Sehen Sie, es gibt oft Motive, die aus den Tiefen unseres Bewusstseins aufsteigen, ohne dass der normale, wache Geist sie überprüft hat. Manche davon sind sehr reale und sehr gute Gründe; andere sind irreal und irrational und entstammen einem mentalen oder emotionalen »Komplex«, wie ihn die Psychologen nennen.

Ein in diesem Zusammenhang oft benutzter Begriff ist »Berufung«, also ein wirklicher und klarer »Ruf« oder Drang, der aus dem Innern aufsteigt und die Persönlichkeit zwingt, trotz allen scheinbar unüberwindlichen Hindernissen einen bestimmten Weg zu gehen. In diesem Fall handelt es sich um einen Drang des inneren Selbst, von dem man mit den Worten des Gralsepos sagen kann: »Wenn Er dich hat gerufen, brauchst du die Wahrheit nicht länger zu suchen.«

Die Prüfung für einen solchen inneren Impuls ist es, ob er trotz aller äußeren Schwierigkeiten anhält und ob er uns zu innerer Ausgeglichenheit führt. Ein irrationaler Grund sich mit Magie zu beschäftigen ist häufig das Streben nach Kompensation; das heißt, das unbewusste Selbst glaubt, dass die durch Magie erworbenen Kräfte bestimmte Minderwertigkeitsgefühle beseitigen werden, die man auf einer geistigen Ebene, auf der man nicht logisch denkt sondern nur empfindet, verabscheut.

Natürlich gibt es sehr gute Motive Magie zu studieren und zu praktizieren, ohne dazu berufen zu sein. Ein ehrenwerter Beweggrund für die Suche nach Wahrheit ist das Vorhaben, die Ergebnisse dieser Suche zu nutzen, um anderen zu helfen. »Ich wünsche zu wissen, um dienen zu können« ist das Motiv, das den Zugang zu den Mysterien öffnet. Wie Sie sehen, geht es hier um ethische Fragen, und ich möchte mit Nachdruck darauf hinweisen, dass das Studium der Mysterien strengste moralische Maßstäbe erfordert, denn die durch diese Ausbildung erlangte Macht kann für gute wie für böse Zwecke genutzt werden. Aus diesem Grund ist es erforderlich zu Beginn der Ausbildung dieses Gelöbnis abzulegen. Sie sollten sich jedoch klar darüber sein, dass die Versuchung, diese Kräfte zum persönlichen Vorteil zu gebrauchen, in jedem Stadium Ihres magischen Werdegangs wieder auftauchen kann. Niemals dürfen Sie glauben von dieser Versuchung frei zu sein. Man kann und wird Ihnen helfen sie zu bekämpfen, doch Sie werden nie vor ihr sicher sein. Dies mag hart klingen, doch ich muss es Ihnen mit aller Deutlichkeit sagen, auch wenn es Sie abschrecken sollte.

Es gibt noch etwas, worauf ich Sie hinweisen muss. Wir gingen bisher davon aus, dass ich Sie als meinen Schüler angenommen oder abgelehnt habe. Es ist wahr, ich kann nach eigenem Ermessen entscheiden, wen ich als Schüler annehmen möchte oder nicht. Doch auch ich unterstehe einer »höheren Autorität« und das letzte Wort in dieser Sache hat mein Vorgesetzter. Die Aufnahme neuer Schüler wirkt sich auf die ganze Bruderschaft aus und auch die Brüder haben ein Recht, an dieser Entscheidung mitzuwirken. Deshalb muss mein Vorgesetzter, wenn ich Sie als Schüler annehme, meiner Entscheidung zustimmen, bevor Ihre Ausbildung beginnen kann.

Denken Sie nun sorgfältig über alles nach, was ich geschrieben habe. Beschäftigen Sie sich eingehend damit und seien Sie sich selbst gegenüber ehrlich. Versuchen Sie nicht sich selbst zu belügen, sondern beantworten Sie meine Fragen, die ich Ihnen gestellt habe. Wenn Ihre Selbsterforschung zu dem Ergebnis führt, dass Sie am Großen Werk mitwirken und den Weg der Hohen Magie gehen möchten, dann lassen Sie es mich wissen. Mit Zustimmung meines Vorgesetzten werden wir dann mit unserer Arbeit, die nichts weniger darstellt als eine Demontage und Wiedererrichtung Ihrer eigenen Seele, beginnen. Ich hoffe, Sie werden die Prüfung bestehen und wir werden miteinander arbeiten.

KAPITEL II
ANTRAG ANGENOMMEN

Ich habe Ihren Brief erhalten und mein Vorgesetzter, dem ich ihn vorgelegt habe, ist einverstanden, dass ich Sie, falls dies mein Wunsch ist, als Schüler annehme und in der Magischen Kunst unterweise. Mögen unsere vereinten Bemühungen den Ruhm Gottes mehren und der Menschheit dienen. Wie Sie bemerkt haben, wurde mir gestattet, Sie als Schüler anzunehmen, falls ich dies wünsche. Dies ist ein wichtiger Punkt, denn es bedeutet, dass ich von nun an bis zum Ende unserer Verbindung für Sie verantwortlich bin. Sollten Sie gegen die Regeln verstoßen, so trage ich, als Ihr Lehrer, ebenso wie Sie dafür die Verantwortung. Das Wissen um diese Verpflichtung ist es, das uns solche Vorsicht walten lässt, wenn es darum geht jemanden zu unterrichten.

Noch etwas Anderes muss ich erwähnen. Nach allgemeiner Auffassung ist das Wesentliche an einer Beziehung zwischen Lehrer und Schüler, dass dem Schüler etwas Bestimmtes gelehrt wird. Dies ist jedoch nur ein Teil der Wahrheit, was die magische Unterweisung betrifft. Die Unterweisung stellt in diesem Fall zugleich eine Erziehung dar. Dieser Prozess des Herausziehens von Ideen aus dem Schüler (was Erziehung im eigentlichen Sinn des Wortes heißt) bedeutet, dass eine sehr starke Bindung zwischen Lehrer und Schüler entsteht. Dies ist der zweite Faktor. Und noch eine andere Beziehung entwickelt sich dabei. Beide Persönlichkeiten wirken aufeinander ein, was auch die Persönlichkeit des Lehrers verändert. Es findet ein ständiger Austausch statt, eine Art psychischer Osmose, die beide beeinflusst. Dies ist bei jeder psychoanalytischen Behandlung der Fall und viel stärker noch bei einer okkulten und magischen Ausbildung.

Vielleicht werden Sie dagegen einwenden, dass eine solche innige Beziehung nicht zustande kommen kann, weil wir uns ja physisch nicht begegnen. Damit hätten Sie Unrecht, denn eine solche Verbindung kann über jede Entfernung hergestellt werden, da sie im Grunde telepathisch ist. Telepathie hat nichts mit Entfernungen zu tun. Alles, was wir darüber wissen (und die aufgezeichneten Forschungen in den esoterischen Archiven sind weit umfangreicher als das durchschnittliche Mitglied der Society of Psychical Research jemals erahnen wird), beweist, dass körperliche Abwesenheit zwischen zwei oder mehr Personen keine Rolle spielt.

Natürlich gibt es bestimmte Kräfte, die nur bei physischem Kontakt oder zumindest körperlicher Nähe wirksam werden, doch diese besondere Verbindung zwischen Schüler und Lehrer ist nicht von räumlichen Bedingungen abhängig. Bedenken Sie also, dass bei dieser magischen Schulung eine sehr reale Beziehung zwischen uns zustande kommt. Diese Verbindung kann uns beiden zum Nutzen wie zum Schaden gereichen.

Will man eine Metapher benutzen, so könnte man sagen, dass zwischen uns ein Band aus Licht besteht. Ein Medium dürfte die Verbindung tatsächlich so sehen, und da wir dazu neigen, in räumlich-zeitlichen Bildern zu denken, gibt es keinen Grund, warum wir sie uns nicht auch so vorstellen sollten, während uns Ihre Ausbildung zusammenhält. In einem bestimmten Stadium vor dem Ende Ihrer Ausbildung wird dieses Band bewusst gelöst, damit Sie in der Lage sind, auf Ihren eigenen Beinen zu stehen und in keiner Weise mehr von mir abhängig sind. Das Ziel einer magischen Ausbildung ist die Integration der Persönlichkeit, damit Sie in allen irdischen und überirdischen Angelegenheiten eine ausgeglichene und beherrschte geistige Haltung bewahren. Bis dieses Ziel erreicht ist, wird uns dieses psychische Band verbinden, das uns beiden, wie ich Ihnen zu einem späteren Stadium der Ausbildung zeigen werde, eine große Unterstützung sein kann.

Um mit der Arbeit in der richtigen Weise beginnen zu können, ist es erforderlich, die Grundbedingungen zu klären. Das heißt, als Erstes müssen wir uns mit den Umständen beschäftigen, unter denen Ihre Ausbildung erfolgen wird. Sicher haben Sie schon von jenen aufstrebenden Schriftstellern gehört, die nur unter ganz bestimmten Bedingungen arbeiten können. Sie brauchen dazu einen eigenen, bestimmten Raum, ihren eigenen Sessel, ein besonderes Schreibgerät und so weiter. Ohne diese Dinge können sie nicht arbeiten. Es ist sehr hilfreich, wenn Sie sich zu Beginn Ihrer magischen Ausbildung die Ihnen zusagenden äußeren Umstände schaffen können, doch es ist nicht unbedingt notwendig. Diese können sogar zu Fesseln werden, denn man kann sich dermaßen an sie gewöhnen, dass es einem später unmöglich ist, ohne sie zu arbeiten.

Das Ziel dieser Ausbildung ist die Integration der Persönlichkeit, so dass sie nicht mehr von den äußeren Umständen abhängig ist. Es ist deshalb wichtig, so bald wie möglich von der Umgebung unabhängig zu werden. Als ich selbst zu Beginn des Ersten Weltkriegs mit meiner magischen Ausbildung begann, wohnte ich in einem möblierten Zimmer. Ich hatte weder die Zeit noch die Möglichkeit, mir die Bedingungen, die ich als wünschenswert erachtete, zu schaffen. Die Folge war, dass ich nur sehr langsame Fortschritte machte, doch dafür lernte ich unter sehr schwierigen Bedingungen zu meditieren und andere geistige Arbeit zu tun. Mein Lehrer war der Meinung, dass herausragende Leistungen nicht zu erhoffen seien, solange man nicht imstande ist, inmitten des Waterloo-Bahnhofs zu meditieren. Das erscheint schwierig, doch er hatte Recht. Sie brauchen sich dadurch, dass Sie nicht in der Lage sind, sich Ihre besonderen Bedingungen zu schaffen, nicht davon abhalten lassen mit Ihrer Ausbildung zu beginnen.

Ich möchte, dass Sie sich noch über einen anderen Punkt klar sind, bevor wir zu anderen Dingen übergehen. Es ist möglich, inmitten des Waterloo-Bahnhofs zu meditieren, doch will ich damit nicht sagen, dass Sie versuchen sollten, unter solchen Bedingungen irgendwelche rein medialen Experimente zu machen. Es ist nicht ratsam, sich zu Beginn der Ausbildung übersinnlichen Einflüssen zu »öffnen«. Wenn Sie stabilisiert und innerlich ausgeglichen sind, werden Sie imstande sein, sich diesen bewusst zu »öffnen« und zu »verschließen«, doch am Anfang müssen Sie die Ihnen erteilten Anweisungen befolgen. Dazu gehört jedoch nicht die wahllose Anwendung medialer Fähigkeiten.

Nehmen wir an, dass Sie Ihr Schlafzimmer als Meditationsraum benutzen müssen. Sollten für Sie bessere Möglichkeiten bestehen, so gebe ich Ihnen gern Anweisungen, wie Sie sich Ihre eigenen, besonderen Bedingungen schaffen können, doch diese dürfen nur vorübergehende Hilfsmittel sein und nicht zu unentbehrlichen Stützen werden. Alles was Sie benötigen, ist ein Raum und ein gewisses Maß an Ungestörtheit. Sie sollten in dieser Hinsicht jedoch nicht allzu empfindlich sein. Falls Sie darauf bestehen, dass vollkommene Ruhe herrscht, während Sie meditieren, werden Sie wahrscheinlich in den Menschen Ihrer Umgebung den boshaften kleinen Schelm wecken, der in den Besten von uns steckt, und man wird, ganz unbewusst, eine Menge unnötigen Lärm machen. Schon gar nicht wird der Hund des Nachbarn auf Ihre Bitten oder Befehle hören!

Anfangs wird es deshalb schwierig für Sie sein, Ihre Meditationsübungen durchzuführen und Sie werden vermutlich nicht sehr große Fortschritte machen. Durch diese Übungen wird jedoch kontinuierlich ein innerer geistiger Zustand aufgebaut, durch den Sie unabhängig von äußeren Bedingungen werden. Dies gilt für Ihre gesamte Ausbildung, denn je mehr Sie Ihre magischen Fähigkeiten entwickeln, um so mehr können Sie auf äußerliche Riten und Zeremonien verzichten und innerhalb Ihrer eigenen Persönlichkeit arbeiten und die inneren Kräfte nutzen, die Sie sich durch Ihre magische Ausbildung angeeignet haben. Sie sollten auch die Schwierigkeiten, die sich Ihnen in den Weg stellen, stets als förderlich und nicht als hinderlich betrachten.

Der nächste Punkt, mit dem ich mich beschäftige, sind die »Haltungen«. Wahrscheinlich haben Sie gelesen, in welch wunderbaren Haltungen manche östlichen Yogis meditieren. Die gebräuchlichste wird Padmasana oder »Lotusstellung« genannt, doch Europäern ist es im Allgemeinen nicht möglich sie einzunehmen, außer sie haben sie von Kindheit an ständig geübt oder sie besitzen von Natur aus lockere Sehnen. Es ist hilfreich, eine dieser Stellungen einnehmen zu können, aber nicht unbedingt notwendig. Es gibt viele derartige Körperstellungen, doch in den westlichen Schulen benutzen wir nur jene, die sich für den Körper eines westlichen Menschen eignen. Es hat keinen Sinn, in der Lotusstellung zu meditieren, wenn man sich dabei die Füße verrenkt.

Für unsere Meditationsübungen benötigen Sie lediglich einen einigermaßen bequemen Stuhl. Wenn man sich bemüht, den Geist unter Kontrolle zu bekommen und in neue Kanäle zu lenken, ist es töricht, ihn unnötigerweise abzulenken, indem man eine unbequeme Körperhaltung einnimmt. Andererseits soll der Geist bei diesen Übungen hellwach sein, und das ist nicht immer möglich, wenn man einen zu bequemen Sessel benutzt. Ideal ist für diesen Zweck ein harter Holzstuhl, am besten mit Armstützen. Ein weicher »Ohrensessel« eignet sich am wenigsten dafür.

Das Einzige, was Sie sonst noch für Ihre Arbeit benötigen, ist ein Notizbuch, in das Sie die Ergebnisse Ihrer Meditationsübungen eintragen. Hilfreich, doch nicht unbedingt notwendig ist es, wenn Sie ein symbolisches Bild vor sich aufstellen, das Sie an Ihre Arbeit mahnt. Falls Sie solche Bilder oder Figuren als Konzentrationshilfe verwenden, sollten Sie sehr sparsam damit umgehen. Beschränken Sie sich auf eines oder zwei; mehrere solcher Hilfsmittel sind der Konzentration eher hinderlich als förderlich. Ich habe einmal in einer Kirche gepredigt, deren Kanzel mit sechs Kreuzen aus verschiedenen Materialien, von Plexiglas bis Messing, verziert war. So sehr ich dieses Symbol auch verehre, ich empfand diese Vielfalt an Kreuze eher als ablenkend denn als hilfreich.

Sollte es Ihnen nicht möglich sein, für Ihre Meditationsübungen ein eigenes Zimmer zu benutzen, kann ich Ihnen einen hilfreichen Tipp geben, den Sie gerne übernehmen können. Rahmen Sie Ihr Meditationsbild ein, stellen Sie es auf den Tisch und hüllen Sie es in ein Tuch, wenn Sie die Meditation beendet haben. Lassen Sie das Bild und das magische Tagebuch nie herumliegen, sondern schließen Sie beides weg.

In dieser Hinsicht müssen Sie selbst die beste Lösung finden. Vielleicht wird Ihre Frau gerne wissen wollen, was Sie tun, und ihr Missfallen äußern, falls Sie ein großes Geheimnis daraus machen. In diesem Fall ist es weit besser, ihr diese Dinge zu zeigen, wenn sie dies wünscht, vor allem zu Beginn Ihrer Ausbildung. Wenn sie sich für Ihre Arbeit interessiert und Sie darin unterstützen möchte, wird sie dieses Vorrecht nicht ungebührlich ausnutzen. Steht sie dem Ganzen ablehnend gegenüber, können Sie ihre Zweifel vielleicht beschwichtigen, indem Sie ihr diese »Werkzeuge« zeigen. (Das Gleiche gilt natürlich auch für Schülerinnen, deren Ehemann sich, oder auch nicht, für diese Dinge interessiert, wobei heutzutage kaum noch ein Mann Anstoß daran nimmt, wenn sich seine Frau mit diesen Dingen beschäftigt.) Auf jeden Fall ist das eine Sache, die Sie möglichst bald hinter sich bringen sollten. Sprechen Sie miteinander darüber und stellen Sie fest, ob Sie beide darin Übereinstimmung erreichen können.

Ein anderer Punkt: Viele Menschen sind der Meinung, dass die für die Meditation erwünschte »Atmosphäre« nur durch das Verbrennen von Räucherwerk erzeugt werden kann. Das ist richtig, doch es gibt viele verschiedene Arten von Räucherwerk und nicht alle sind für Ihre Arbeit geeignet.

Es gibt sogar bestimmte Sorten, die dafür eindeutig tabu sind. Der Hauptzweck für die Verwendung von Räucherwerk besteht darin, seinen Duft so mit der Meditation zu verknüpfen, dass man durch das Abbrennen automatisch in eine meditative Stimmung versetzt wird. Außerdem hat er eine bestimmte »parapsychische« Wirkung, mit der ich mich später befassen werde.

Leider hat Räucherwerk die Eigenschaft sich stark bemerkbar zu machen, und das für sehr lange Zeit. Falls Sie über einen eigenen Raum für Ihre Arbeit verfügen, können Sie es ohne Schwierigkeiten benutzen; müssen Sie den Raum jedoch mit anderen teilen, sollten Sie es lieber nicht verwenden. Er ist nicht unbedingt notwendig, und es ist besser darauf zu verzichten als unnötige Feindschaft heraufzubeschwören, indem Sie das ganze Haus mit seinem Geruch erfüllen. Außerdem ist es weder für den Schüler noch für den Koch sehr angenehm, wenn sich der Duft von Räucherwerk mit dem von Frühstücksschinken vermischt. Sie haben zwar das Recht auf Ihren eigenen Standpunkt, doch nicht darauf, ihn auf eine Weise durchzusetzen, die Ihren Mitmenschen Unannehmlichkeiten bereitet. Jeder derartige okkulte Egoismus würde Ihnen eher schaden als nutzen.

Nun ein sehr wichtiger Hinweis. Es ist unbedingt erforderlich, die Meditation von der gewöhnlichen weltlichen Arbeit zu trennen. Ich weiß, dass dies einige Fragen bei Ihnen auslösen wird. Bestimmt werden Sie fragen, ob es gut wäre, geistig angeregt durch die Meditation in die Alltagswelt hinauszugehen. Ja, ich bin auch der Meinung, dass das sehr gut ist, und falls Sie Ihre Meditation richtig durchgeführt haben, wird der ihr zu Grunde liegende Gedanke in den Tiefen

Ihres Geistes nachschwingen. Es ist jedoch nicht notwendig, dass Sie sich bewusst bemühen, die Tugend, die Sie als Meditationsobjekt benutzt haben, wie eine Maske zu tragen.

Sie müssen jedoch bei Ihrer geistigen Arbeit Ihre Gedanken und persönlichen Energien gemäß so genannter »innerer Richtlinien« lenken, und es ist unbedingt erforderlich, wenn Sie Ihre Arbeit entsprechend dieser Richtlinien getan haben, dass Sie sich danach wieder der äußeren Welt und ihren Belangen zuwenden. »Wir können nicht ständig am Schrein verweilen« heißt es in einem Kirchenlied und es wäre für die meisten von uns auch nicht gut, dies zu tun. Es gibt nur wenige Menschen, die zu einem rein kontemplativen Leben berufen sind. Sie müssen sich also, wenn Sie Ihre Meditation beenden, »verschließen« und die Aufmerksamkeit wieder auf die materielle Welt richten. Sollten Sie Ihren geistigen Arbeitsplatz in einem verwirrten Zustand verlassen, werden Sie früher oder später in Schwierigkeiten geraten. Ist andererseits Ihre Verfassung klar und stabil, müssen Sie dies nicht tun, doch ich möchte, dass Sie verstehen, warum wir dies so nachdrücklich betonen. Wenn Sie zu meditieren beginnen, lösen Sie sich von den äußeren Dingen, um sich der inneren, subjektiven Welt zuzuwenden. Haben Sie die innere Arbeit getan, ist es erforderlich, dass Sie sich wieder mit jener äußeren Welt verbinden, in der Sie Ihre alltägliche Arbeit zu verrichten haben. Tun Sie dies nicht, entwickelt sich allmählich eine geistige Disharmonie und Sie werden den Belastungen und Anstrengungen des Alltags immer weniger gewachsen sein. Sie werden dazu neigen der Realität zu entfliehen, was zur Folge haben kann, dass statt einer Höherentwicklung der Persönlichkeit eine zunehmende Ineffizienz in beiden Welten stattfindet. Vielleicht haben Sie es für übertrieben gehalten, dass ich die Wichtigkeit der Rückkehr in die Alltagsrealität so sehr betone, doch nun haben Sie die Gründe sicher verstanden.

Vorerst gebe ich Ihnen keine weiteren detaillierten Anweisungen, sondern bitte Sie, die bisher erteilten sorgsam zu studieren. Sie beginnen mit einer Arbeit, die weitreichende Wirkungen haben wird, und es ist wichtig, dass Sie fest entschlossen sind, diese Aufgabe bis zu ihrem Abschluss durchzuführen. Sie werden die Übungen nach einiger Zeit möglicherweise langweilig finden, und wenn sie, zumindest in den ersten Stadien, keine merkbaren Ergebnisse bringen, werden Sie sie vielleicht kritisieren. Doch wenn ich »in den ersten Stadien« sage, ist das nicht ganz richtig. Zu Beginn Ihrer Arbeit werden sich höchstwahrscheinlich einige sehr deutliche Ergebnisse einstellen, doch wenn Sie weitermachen, werden diese anfänglichen Erfahrungen verblassen und die Übungen werden zu einer langweiligen Routine und erscheinen weder interessant noch förderlich. Dann werden Sie sehen, wie wahr das Bibelwort ist: »Es sind die kleinen Füchse, die die Weinstöcke plündern«, denn diese können sich durch die Hecken zwängen, was den größeren nicht gelingt. Sie müssen also zu Beginn Ihrer magischen Ausbildung einen Zaun gegen die kleinen Füchse errichten, damit Sie sich im Weingarten Ihrer Persönlichkeit sicher fühlen. Während Sie jedoch Ihre Übungen Tag für Tag durchführen, kann es sein, dass Sie unachtsam werden und die kleinen Füchse der Langeweile und der Ungeduld, um nur zwei zu erwähnen, durch den Zaun lassen. Jeder, der diesen Pfad gegangen ist, hat diese Phase durchgemacht. Bei manchen tritt es stärker in Erscheinung als bei anderen, doch auf die eine oder andere Weise betrifft es uns alle.

Diese Arbeit ist einem bestimmten Rhythmus unterworfen. Auf eine Zeit des Erfolgs und der Erleuchtung folgt eine Periode der »Trockenheit«, ein Abstieg ins Tal der Erniedrigung. Dann müssen wir uns weiterschleppen, bis wir wieder das Licht vor uns sehen. Alle, die sich auf diese verborgenen Pfade des Geistes wagen, haben dieses Hin- und Herschwingen des Pendels erlebt, und ebenso trifft dies auf jene zu, die den Weg der Mystik gehen. Diejenigen von uns, die den magischen Pfad eingeschlagen haben, finden es ebenso zutreffend. Tatsächlich entstammt der Begriff »Trockenheit«, den ich eben verwendet habe, der Terminologie der Mystiker.

Denken Sie über das nach, was ich Ihnen gesagt habe. Lesen Sie es immer wieder durch und versuchen Sie es sich fest einzuprägen. Diese ersten Anweisungen mögen banal erscheinen, doch sie enthalten grundlegende Wahrheiten und sind ein wichtiger Teil des Fundaments, welches Sie, mein Schüler, in sich errichten müssen.

Lassen Sie mich wissen, ob Sie irgendwelche weiteren einführenden Informationen benötigen, bevor wir weitergehen. Scheuen Sie sich nicht, zu dem von mir Gesagten Fragen zu stellen. In unserer Schule schätzen wir einen fragenden Geist, vorausgesetzt, der Schüler führt die erteilten Anweisungen aus.

Teilen Sie mir auch mit, ob Ihnen ein eigener Raum für Ihre Arbeit zur Verfügung steht.

Als Nächstes werde ich Ihnen die Grundübungen der magischen Meditation mitteilen, so dass Sie in der Lage sein werden, damit zu beginnen.

KAPITEL III
ERSTE ÜBUNGEN

Ihrem Brief entnehme ich, dass Sie mit Ihrer Frau über die Frage eines Meditationsplatzes gesprochen haben und zu einer zufrieden stellenden Übereinkunft gelangt sind. Sie erzählten mir, Ihnen steht ein kleiner Raum für Ihre Arbeit zur Verfügung. Das ist eine gute Nachricht, doch sollten Sie, wie ich Ihnen schon sagte, solchen günstigen Bedingungen keine allzu große Bedeutung beimessen.

Ihr Meditationsraum sollte ganz einfach eingerichtet sein. Am besten nur mit einem Stuhl und einem Tisch. Auf den Tisch können Sie eine Vase mit frischen Blumen stellen, außerdem das Bild oder Symbol, das Sie als Konzentrationshilfe verwenden. Falls Sie Räucherwerk benutzen wollen, wählen Sie eine gute Sorte Räucherstäbchen; es gibt viele Arten von Räucherwerk, doch nur wenige eignen sich gut für die allgemeine Arbeit. Für das Abbrennen der Räucherstäbchen benötigen Sie einen Halter, doch bitte ich Sie, keinen zu verwenden, der die Form eines Buddha hat. Viele gebrauchen so etwas, das liegt wohl vor allem an der Gedankenlosigkeit. Was würden Sie als Christ empfinden, wenn ein orientalischer Freund ein Kruzifix als Halter für Räucherstäbchen benutzt? Viele Millionen Menschen sehen in Gautama Buddha ihren größten Lehrer, und allein schon aus diesem Grund sollten Sie eine Buddha-Figur nicht für diesen Zweck verwenden. Zuweilen stößt man auf eine solche Messingfigur, die irrtümlich für einen Buddha gehalten wird, in Wirklichkeit jedoch Chenresi, einen Glücksgott, darstellt. Auch diese Figur sollten Sie nicht benutzen. Denn Sie folgen ja dem westlichen Pfad.

Sicher sind Sie schon neugierig, wie Ihre Übungen aussehen und an welche Regeln Sie sich halten müssen. Vorerst werde ich Ihnen die Grundübungen vermitteln, und, wie ich bereits darauf hingewiesen habe, werden Sie sie möglicherweise nach einiger Zeit als eintönig und langweilig empfinden. Sie sind jedoch sehr wichtig und müssen durchgeführt werden. Wenn Sie sie nicht beherrschen, werden Ihre spätere Meditationen unberechenbar sein; doch wenn Sie durchhalten, wird ihr späterer Wert unschätzbar werden. Bevor ich Ihnen die erste Übung erkläre, will ich Ihnen noch einiges hinsichtlich Ihrer Ausbildung sagen.

Vor allem möchte ich, dass Sie sich völlig über die Verpflichtungen im Klaren sind, die Sie durch den Eintritt in unsere Schule eingegangen sind. Das Wichtigste, dessen Sie sich in dieser Hinsicht bewusst sein sollten, ist, dass Sie niemanden, weder mir noch meinen Vorgesetzten, persönlichen Gehorsam gelobt haben. Hingegen haben Sie sich, wie wir alle, an die »Regeln« der Bruderschaft zu halten. Das Wesentliche ist unser Ausbildungssystem, nicht der Gehorsam gegenüber irgendwelchen Persönlichkeiten. Natürlich ist hier eine vernünftige Einstellung von Nöten. Wir, die wir in dieser Schule ausgebildet wurden, sind verständlicherweise davon überzeugt, dass unser System gut ist; Sie hingegen hegen möglicherweise, da Sie noch keine Erfahrungen damit gemacht haben, gewisse Bedenken. Deshalb darf ich Ihnen versichern, dass man im Rahmen Ihrer esoterischen Ausbildung niemals von Ihnen verlangen wird, etwas zu tun, was Ihren ethischen Grundsätzen widerspricht. Das soll nicht heißen, dass es Ihnen frei steht, die Anweisungen und Vorschriften, die Sie erhalten werden, zu verändern und sie einem anderen konfessionellen System anzupassen. Ich meine, dass jeder Mensch, ob Christ oder nicht, dem beipflichten kann, was Jesus über die religiösen Pflichten gesagt hat: »Du sollst Gott, deinen Herrn, lieben von ganzem Herzen, von ganzer Seele, von ganzem Gemüte und mit allen deinen Kräften; und du sollst deinen Nächsten lieben wie dich selbst.« Im Licht dieser Zusammenfassung des göttlichen Gesetzes sollen Sie die Lehren, die Sie erhalten werden, prüfen.

Vielleicht sind Sie der Meinung, man werde Sie, wenn Sie irgendwelche Einwände und seien sie auch noch so begründet, erheben, als Störenfried betrachten und deshalb Ihren Fortschritt behindern. Sie können sich jedoch darauf verlassen, dass man Sie niemals benachteiligen wird, wenn Sie gegen gewisse Punkte der Lehre Einwände haben. Da Sie aber, während Sie sich in Ausbildung befinden, noch nicht in der Lage sind, auf Wissen gründende Urteile abzugeben, täten Sie gut daran, bevor Sie Einwände erheben, die Instruktionen sorgsam zu studieren. Auf jeden Fall würde mir das eine Menge unnötiger Arbeit ersparen!

Nun komme ich noch auf einen anderen Punkt zu sprechen, der wirklich wichtig ist. Es sind Ihre Beziehungen zu anderen Menschen und die Auswirkungen, die Ihre Arbeit auf diese Beziehungen haben wird. Sie sollten stets daran denken, dass Sie nicht das Recht haben, wegen dieser Ausbildung Ihre persönlichen Verpflichtungen zu vernachlässigen. Sie haben bestimmte Aufgaben übernommen und sind anderen

Menschen verbunden, und all diese Dinge sind wesentliche Faktoren, die Sie berücksichtigen müssen.

Andererseits müssen Sie bedenken, dass Sie zwar Ihren Nächsten lieben sollen wie sich selbst, jedoch auch die Pflicht haben, sich selbst so zu lieben wie Ihren Nächsten. Ebenso wie Ihr Nächster haben auch Sie ein Recht auf geistige »Ellbogenfreiheit«. Die Meisten, die zu uns kommen, vergessen das, und die ersten Versuche auf diesem Weg sind, diese Freiheiten zu akzeptieren. Es muss zwischen Ihnen und den Ihnen nahe stehenden Menschen Klarheit und Einverständnis herrschen. Es muss klar sein, dass Sie sich dieser Ausbildung unterziehen wollen und dass dies ein gewisses Maß an Kooperation von deren Seite erfordert. Ebenso müssen Sie jedoch gewissenhaft Ihre Verpflichtungen erfüllen. Sollten Sie wegen dieser Ausbildung in irgendeiner Weise Ihr Heim, Ihre Frau oder Ihre Kinder vernachlässigen, würden Sie, obwohl Sie die Lehre den Buchstaben nach vielleicht befolgen, dem Sinn nach gegen sie verstoßen, was viel schwerer wiegen würde.

Es ist aber auch möglich, dass Sie Ihre familiären Verpflichtungen so sehr überbewerten, dass Sie von Ihrem Ziel abgelenkt werden und nicht imstande sind, Ihre Übungen richtig durchzuführen. Dies würde sich auf Ihre Beziehungen nicht günstig auswirken, sondern einerseits Verstimmung und andererseits Selbstgerechtigkeit hervorrufen, was nicht konstruktiv und förderlich wäre.

Wenn Sie beanspruchen, bei der Meditation nicht gestört zu werden, müssen Sie dafür sorgen, dass niemand darunter leidet. Wichtig ist es, dass die Menschen Ihrer Umgebung die günstige Wirkung der Ausbildung auf Ihren Charakter bemerken. Dies ist ein sehr schwieriger Punkt, und wenn er nicht gleich am Anfang geklärt wird, werden Sie deshalb immer wieder Probleme haben.

Nun zu der ersten Übung, die »Rückschau-Meditation« genannt wird. Sie scheint so einfach zu sein, dass viele Schüler sie vernachlässigen, womit sie jedoch einen großen Fehler begehen. Irgendwann kommen sie doch auf sie zurück. Schreiben Sie folgende Anweisung bitte ab, führen Sie die Übung ausnahmslos jeden Abend durch und notieren Sie jedes Mal die Ergebnisse.

Gehen Sie jeden Abend im Bett die Ereignisse des Tages in umgekehrter Reihenfolge durch; das heißt: Beginnen Sie mit dem, was Sie zuletzt getan oder gesagt haben, gehen Sie dann zurück zu dem davor liegenden Geschehnis und so weiter, bis Sie bei den ersten Gedanken und Handlungen des Tages angelangt sind. Betrachten Sie jedes Ereignis, das Sie sich ins Gedächtnis zurückrufen, ganz unparteiisch, als sei es eine völlig unpersönliche Angelegenheit. Betrachten Sie einzeln die Folgen jeder Handlung, jedes Gedankens oder Wortes und überlegen Sie dann, warum diese Gedanken und Emotionen bestimmte Wirkungen hervorgerufen haben. Wenn Sie das Gefühl haben, dass Sie das erkannt haben, gehen Sie zu dem davor liegenden Ereignis über und untersuchen Sie dieses auf die gleiche Weise. Gehen Sie so immer weiter zurück bis zum Anfang des Tages.

Diese Rückschau-Meditation ist sehr wichtig. Vor allem trägt sie dazu bei, die übliche geistige Gewohnheit abzulegen, in der zeitlichen Reihenfolge von Vergangenheit, Gegenwart und Zukunft zu denken. Diese normale Denkweise funktioniert sehr gut in dieser dreidimensionalen, materiellen Welt, doch wenn Sie höheres Bewusstsein entwickeln, werden Sie merken, dass sie begrenzt ist. Dann werden Sie den Wert dieser Übung erkennen. Der zweite wichtige Punkt ist, dass es Ihnen, wenn Sie zuerst das Endergebnis betrachten und dann zurückgehen, viel schwerer fallen wird, die üblichen Entschuldigungen für Ihr Verhalten vorzubringen. Durch diese Übung wird das, was die Psychologen das »falsche Ego« nennen, und seine Aktivität unter Kontrolle gebracht. Da die Zerstörung dieses falschen Egos eines der Ziele der magischen Ausbildung ist, ist sie so wertvoll. Lassen Sie sich übrigens nicht entmutigen, wenn Sie lange, bevor Sie beim ersten Ereignis des Tages angelangt sind, einschlafen sollten. Das falsche Ego wird alles daran setzen, um Sie an der Durchführung dieser Übung zu hindern.

Vorläufig ist es nicht notwendig, dass Sie bei Ihren Aufzeichnungen auf Einzelheiten eingehen. Unbedingt erforderlich ist es jedoch, dass Sie diese Aufzeichnungen machen. Wenn Sie in Ihrer Ausbildung fortschreiten, werden Sie merken, dass es überaus hilfreich ist alle Ergebnisse zu registrieren, und Sie werden bald erkennen, wie wertvoll dies ist.

Im Gegensatz zu den meisten anderen Tagebüchern dient diese sehr wirkungsvolle Methode nicht dazu, Ihr falsches Ego zu unterstützen. Es ist eine sehr effiziente Methode, sich an sorgsames und logisches Denken und Handeln zu gewöhnen. Mit der Rückschau-Meditaton sind die »Anrufungen« verbunden. Diese finden zu verschiedenen Tageszeiten statt und dienen zwei Zwecken:

Zum Einen schulen sie den »Zeitsinn«, jene unterbewusste Uhr, die uns befähigt, den Ablauf der Zeit zu messen. Es ist sehr wichtig, dass wir mit beiden Beinen auf der Erde bleiben, obwohl wir uns mit metaphysischen Dingen beschäftigen.

Gerade weil wir uns mit diesen Dingen beschäftigen, müssen wir noch mehr als andere Menschen unsere materiellen Angelegenheiten unter Kontrolle behalten. Ich weiß, dass gewisse so genannten »okkulte« Richtungen zu einer »unweltlichen« Gesinnung neigen; dass sie das »Materielle« verachten und nur das »Spirituelle« gelten lassen. Vielleicht war das auch Ihre Einstellung? Wenn ja, dann werden Sie im Laufe Ihrer Ausbildung feststellen, dass unsere Schule solche Ansichten als völlig falsch betrachtet.

Ich sagte, dass die Anrufungen noch einem anderen Zweck dienen. Sie sollen uns in den Status der »inneren Sammlung« bringen. Das bedeutet, dass wir es für sehr wichtig halten, den Geist zu bestimmten Zeiten auf die höhere Lebenskraft zu richten, die das ganze Universum, in dem wir leben und existieren, durchdringt. Sie sollten alle theologischen Vorstellungen, die Sie hinsichtlich dieser Lebenskraft hegen, ablegen. Betrachten Sie sie einfach als die Macht, die alle Manifestationen erhält und lenkt. Hier nun die drei täglichen Anrufungen:

Am Morgen:

Heil Dir, der Ewigen Göttlichen Sonne,
deren sichtbares Symbol sich nun am Himmel erhebt.
Gegrüßet seist Du am Morgen.

Am Mittag:

Heil Dir, der Ewigen Göttlichen Sonne,
deren sichtbares Symbol nun hoch am Himmel steht.
Gegrüßet seist Du am Mittag.

Am Abend:

Heil Dir, der Ewigen Göttlichen Sonne,
deren sichtbares Symbol nun am Himmel untergeht.
Gegrüßet seist Du am Abend.

Ich füge eine Probeseite aus einem magischen Tagebuch bei, damit Sie beispielhaft sehen, wie man es führen kann. Schicken Sie mir Ihres bitte am Ende jeden Monats zu, ich werde es dann durchsehen und Ihnen wieder zurückgeben. Tragen Sie in das Tagebuch die Ergebnisse ein, zu denen die Rückschau-Meditation, die Anrufungen und das Meditationsthema, das ich Ihnen jeden Monat geben werde, geführt haben. Versuchen Sie nicht zu »erklären«, warum Ihre Bemühungen an einem bestimmten Tag fehlgeschlagen sind, sondern notieren Sie nur, dass dies der Fall war. Eventuell mit einem kurzen Zusatz wie »durch Krankheit verhindert«, »störendes Hundegebell« oder »unerwarteter Besuch«. Lassen Sie aber nicht zu, dass diese Hinweise zu Entschuldigungen werden. Sicher verstehen Sie, was ich meine.

Sie erhalten jeden Monat ein Meditationsthema und dürfen sich während dieser Zeit nur mit diesem beschäftigen. Sicherlich sind Sie der Meinung, dass sich dieses Thema, über das Sie einen Monat lang meditieren sollen, bereits vor Ablauf einer Woche erschöpft haben wird.

Lassen Sie mich Ihnen eine Geschichte erzählen, die ich für wahr halte. Sie wird Ihnen in dieser Hinsicht vielleicht helfen.

Sie berichtet von einem jungen Mann, der der Schüler eines berühmten Naturwissenschaftlers wurde, so wie Sie mein Schüler wurden. Am ersten Tag erhielt er von dem großen

Mann einen ganz einfachen Auftrag. »Ich möchte, dass Sie sich mit diesem Fisch beschäftigen und so viel wie möglich über ihn aufschreiben.« Dann überließ ihn der Naturwissenschaftler einige Stunden sich selbst, doch als er zurück kam, konnte der Schüler nur ein sehr dürftiges Ergebnis vorweisen, etwa drei oder vier Sätze. Der Meister stellte ihm die Aufgabe noch einmal und blieb diesmal viel länger weg. Verärgert über die seiner Meinung nach unsinnige Übung beschloss der Schüler, diesmal alles aufzuschreiben, was ihm zu dem Fisch einfiel. Der Ärger spornte ihn an, und als der Lehrer nach einigen Stunden zurückkam, schrieb er immer noch eifrig.

Ich möchte, dass Sie Ihre Meditation auf ähnliche Weise angehen, nicht ärgerlich, doch mit der gleichen Entschlossenheit und Beharrlichkeit wie der Schüler des Naturwissenschaftlers. Sie werden sehen, dass es Ihnen, sobald Sie die für die Meditation erforderlichen Techniken beherrschen, an Einfällen nicht mangeln wird.

Vielleicht werden Sie über die Art der Meditationsthemen, die ich Ihnen gebe, erstaunt sein. Für viele Menschen ist Meditation ein Nachsinnen über emotional gefärbte »spirituelle« Ideen. Diese werden natürlich auch benutzt, doch was wir benötigen, ist eine ausgewogene geistige Diät. Deshalb werden die Themen sorgsam ausgewählt. Im Rahmen unserer Korrespondenz haben Sie in groben Zügen Ihren Charakter sowie Ihre Ansichten und Verhaltensweisen geschildert. Deshalb werden Sie über die Meditationsthemen, die ich Ihnen gebe, vielleicht verblüfft sein, wenn Sie sehen, dass sie den Themen, die Sie selbst gewählt hätten, genau entgegengesetzt sind. Es wäre für Sie einfach, gemäß Ihrer natürlichen Neigung zu meditieren und außer Acht zu lassen, was

Ihnen nicht gefällt. In diesem Fall würden Sie sich aber sehr einseitig entwickeln, und das würde zur Unausgeglichenheit führen.

Aus diesem Grund werden Sie lernen, über Ideen zu meditieren, die Sie weder interessant noch anziehend finden; ich hoffe, Sie werden die damit verbundene Mühe nicht scheuen. Es ist jedoch unbedingt erforderlich, dass Sie eine ausgewogene Ausbildung erhalten; ich würde meine Pflicht verletzen, wenn ich zuließe, dass Sie sich der notwendigen geistigen Disziplin entziehen.

Es gibt zwei Arten von Grundübungen für die Meditation. Die eine, bei der Sie bestimmte geistige Bilder aufbauen müssen, wird »Bildgestaltung« genannt; die andere, bei der man im Geist bereits vorhandene Bilder ins Bewusstsein aufsteigen lässt, wird »Bilderinnerung« genannt.

Die Bildgestaltung ist eine sehr wichtige Übung zur Entwicklung der Visualisierungsfähigkeit. Der Begriff »Visualisieren« wird hier auf eine besondere Weise verwendet. Im Allgemeinen versteht man unter Visualisieren die Erschaffung von Bildern mit Hilfe des Sehvermögens, doch okkultes Visualisieren ist die Erschaffung eines geistigen Bildes, das sich aus Eindrücken zusammensetzt, die von allen fünf Sinnen empfangen wurden. Lassen Sie mich Ihnen ein Beispiel geben. Nehmen wir an, Sie sollen das geistige Bild eines Wasserfalls erschaffen, etwa der Niagarafälle. In diesem Fall müssen Sie sich nicht nur vorstellen, wie der Wasserfall aussieht, sondern auch, welche Geräusche er hervorruft, wie das Wasser schmeckt, welche Gerüche ihn begleiten und wie sich das tosende Wasser auf Ihrer Haut anfühlt.

Die Schaffung eines solchen zusammengesetzten Bildes in

allen Einzelheiten ist der Meditation förderlich, weil der Geist Abwechslung wünscht und in einen Zustand der Selbsthypnose verfällt, wenn er auf nur einen Punkt des geistigen Bildes gerichtet wird. In einem späteren Stadium werden Sie sehen, dass dieser Zustand sehr nützlich sein kann, doch zu Beginn der Meditationsausbildung ist er nicht erwünscht.

Professor Ernest Woods stellt in seinem Buch über Konzentration einen sehr interessanten Vergleich an. Er vergleicht den Geist mit einem Fisch, der in einem See schwimmt. In der Mitte des Sees befindet sich eine Insel und der Fisch möchte wissen, wie es dort aussieht. Es gibt für ihn nun zwei Möglichkeiten, wie er dies tun kann. Die eine besteht darin, dass er seine Nase in den Schlamm am Ufer steckt und seine Aufmerksamkeit auf das zu konzentrieren versucht, was er sieht. Die andere, weit wirkungsvollere, ist, langsam um die Insel herumzuschwimmen und dabei alles zu registrieren, was er wahrnimmt. Diese zweite Methode ist es, die Sie zu Beginn der Ausbildung anwenden müssen.

Wenn Sie den geistigen Gesichtspunkt ständig verändern, indem Sie den Blick auf ein Bild nach dem anderen richten, wird es Ihnen gelingen, ein klares und umfassendes Gesamtbild aufzubauen. Dieses Bild wird dreidimensional sein, es wird »rund« sein, nicht nur ein flaches Abbild. Später werden Sie sehen, dass diese Fähigkeit, dreidimensional zu visualisieren, sehr nützlich zum Aufbau von Gedankenformen ist, die als Kanäle für elementare Energien verschiedenen Grades benutzt werden.

Lassen Sie uns nun zu der zweiten Meditationsart kommen, bei der man »die Bilder aufsteigen lässt«. Hier beschränkt sich der bewusste Geist darauf, einen Raum frei zu machen, in dem die in der Tiefe ruhenden Bilder zur Oberfläche aufsteigen können. Dies erinnert mich an die Technik gewisser orientalischer Magier, die Seher zuerst darin ausbilden, in einem magischen Spiegel oder einer Schüssel mit Tinte die Erscheinung eines Mannes zu sehen, der das Gesichtsfeld freimacht. Dann werden in diesen freien Raum die Visionen beschworen. Sie werden sehen, dass diese »Vorbereitung des Arbeitsplatzes« ein sehr wichtiger Teil jeder praktischen magischen Zeremonie ist, doch zur Zeit berücksichtigen wir nur die geringen Manifestationen.

Es gibt bestimmte Methoden, mit denen diese Freimachung des Geistes erfolgen kann, und jene, die ich gleich schildern werde, halte ich für die beste.

Wenn Sie damit begonnen haben, klare Gedankenbilder aufzubauen, wird diese Meditationsübung Ihre diesbezügliche Fähigkeit entwickeln. Die »Vorbereitung des Platzes« beginnt damit, dass Sie um sich das geistige Bild einer Mauer aus Licht aufbauen, die Sie von der äußeren Welt trennt. Sie sollten diese kreisförmige Mauer aus Licht in silberner Farbe visualisieren und im Uhrzeigersinn um sich ziehen. Hilfreich ist es, wenn Sie die Kontur dieser Schutzschranke mit der rechten Hand in die Luft zeichnen und sich dabei langsam von links nach rechts drehen, mit dem festen innerlichen »Vorsatz«, alle äußeren Einflüsse für die Dauer der Übung auszuschließen. Dann sind Sie zum größten Teil von dem Gedankenstrom, der uns unser Leben lang umgibt, abgeschirmt und in der Lage, die Bilder, die Ihr eigener Geist hervorbringt, zu beobachten.

Wenn Ihr Geist auf diese Weise äußeren Einflüssen entzogen ist, werden Sie feststellen, dass ständig geistige Bilder in

Ihr Bewusstsein aufsteigen. Diese können anfangs sehr wirr und chaotisch sein, doch nach einiger Zeit des Übens werden Sie merken, dass bestimmte Gruppen von Gedanken immer wieder hochkommen. Welcher Art sie auch sein mögen, ob angenehm oder nicht, Sie dürfen nicht zulassen, dass sie Sie emotional berühren. Betrachten Sie sie lediglich, wenn sie aufsteigen, und stellen Sie sich dann vor, wie Sie sie gelassen, ohne angestrengtes Bemühen, durch die Schutzmauer stoßen, hinaus aus dem Bereich Ihres Geistes. Möglicherweise werden sie immer wieder auftauchen, doch wenn Sie sie ganz ruhig, ohne emotionale Anspannung, auf diese Weise vertreiben, werden sie schließlich ihre Macht aufzusteigen verlieren und Sie nicht mehr behelligen.

Diese Vorarbeit ist nicht ganz so einfach, wie sie sich anhört, doch wenn sie zur automatischen Gewohnheit geworden ist, haben Sie eine höchst wertvolle Fähigkeit erworben.

Es hat natürlich keinen Sinn, die geistige Sphäre zu reinigen, wenn wir nicht in ihr arbeiten wollen, deshalb besteht der nächste Teil der Übung darin, Bilder einer bestimmten Art zu erschaffen. Wir haben zweierlei Arbeit zu tun: Bilder zu erschaffen und bereits erschaffene Bilder wachzurufen. Am besten ist es, wenn wir damit beginnen, bewusst Bilder zu erzeugen und dadurch die Visualisierungsfähigkeit entwickeln.

In meinem nächsten Brief werde ich Ihnen grundlegende Instruktionen über Haltung und Atmung erteilen. Vielleicht finden Sie meine Art, Sie zu unterweisen, etwas zusammenhanglos – in diesem Fall breche ich mit den Anweisungen für die geistigen Übungen ab und gehe auf ein ganz anderes Thema über. Seien Sie deshalb nicht beunruhigt; es geschieht aus gutem Grund. Sie werden immer wieder feststellen, dass ich die methodische Folge der Instruktionen auf diese Weise unterbreche; zu einem späteren Zeitpunkt werden Sie verstehen, warum ich das tue.

Magisches Tagesbuch
Grad: E. A.

Morgenanrufung:
Zur richtigen Zeit durchgeführt.

Mittagsanrufung:
Nicht durchgeführt. Vergessen.

Abendanrufung:
Durchgeführt, doch später als üblich (unvorhergesehener Besuch).

Meditationsübung:
Konnte die Straße gut visualisieren, doch immer nur einen Teil davon – als würde ich im Geist den Strahl einer Taschenlampe darauf richten. Nur die Dinge, die der Strahl erfasste, waren klar zu sehen – alles andere verschwommen und undeutlich.

Besondere Anmerkungen:
Trotz meiner Bemühungen, die geistige Sphäre zu »reinigen«, fällt es mir sehr schwer, mit der Meditation zu beginnen.

Probeseite aus einem magischen Tagebuch

KAPITEL IV
HALTUNG UND ATMUNG

Wie versprochen, schicke ich Ihnen die Anweisungen bezüglich Haltung und Atmung. Sie schreiben, dass Sie die bisherigen Anweisungen sehr sorgsam studiert haben und sich dazu bereit fühlen, mit der Meditation zu beginnen. Das ist gut, doch sicher ist Ihnen klar, dass diese Übungen, was die Meditation betrifft, nur Grundübungen sind. Sie sind jedoch überaus wichtig, da sie Ihnen dazu verhelfen werden, die Kunst der Meditation wirklich zu beherrschen. Betrachten Sie sie als langweilige, doch notwendige Aufgaben, die für einen Schüler unumgänglich sind. Ich weiß noch gut, wie langweilig und öde die Arbeit war, die ich zu Beginn meiner Ausbildung als Ingenieur tun musste. Doch später erkannte ich, wie sehr sie mir geholfen hat, auf diesem Gebiet professionell zu arbeiten. Im Bereich der magischen Arbeit gilt für den Schüler das unabdingbare Prinzip: »Lernen durch Praxis.«

Beschäftigen wir uns jetzt mit den Haltungen, den Asanas, wie sie im Osten genannt werden. Es ist klar, dass die Haltung, in der wir sitzen, in gewissem Maß den Blutkreislauf im Körper beeinflusst. Sie wirkt sich auch auf das Fließen der feinen ätherischen Ströme aus, die im »ätherischen Doppel« des Körpers zirkulieren. Zur Lenkung dieser feinstofflichen Ströme sind viele Übungen entwickelt worden, doch zum Zweck Ihrer Ausbildung werden wir uns nur mit jenen beschäftigen, die zur Errichtung eines Fundaments besonders wichtig sind. Wie ich schon früher sagte, sind sie die Basis unserer Arbeit und von größter Wichtigkeit. Wenn Sie sie vernachlässigen, wird Ihre spätere Arbeit unvollkommen sein.

Ein junger Freund von mir wurde während des letzten Krieges aufs Land »verschickt« und konnte deshalb seine Ausbildung leider nicht auf normale und ordnungsgemäße Weise fortsetzen. Als er später sein Studium wieder aufnahm, behinderten ihn die Lücken in seiner früheren Ausbildung so stark, dass er gezwungen war, noch einmal von vorn zu beginnen und sie systematisch zu füllen. Auf ähnliche Weise kann sich der Geist, was die Meditation betrifft, schlechte Gewohnheiten zulegen, wenn ihm nicht die richtigen Methoden beigebracht werden. Es ist überaus schwierig, diese schlechten Gewohnheiten zu korrigieren. Ein Beispiel: Jeder selbst gelernte Maschinenschreiber, der sich schlechte Gewohnheiten wie zum Beispiel die »Adler-Such-Methode« zugelegt hat und mit dieser Angewohnheit brechen will, findet es viel schwieriger die neue und korrekte Methode zu erlernen als das Maschinenschreiben völlig neu zu erlernen. Eine alte Gewohnheit muss erst abgelegt werden, bevor eine neue erlernt werden kann.

Vielleicht finden Sie, dass ich diesen Punkt überbewerte, doch die Gründe sind ganz einfach. Ich möchte nicht, dass Sie Ihre Zeit und Energie verschwenden, und ich habe auch keine Lust, die meine dadurch zu vergeuden, dass ich Ihnen später helfen muss, schlechte Gewohnheiten hinsichtlich der Meditation zu überwinden.

Die im Osten gebräuchlichste Haltung ist der Padmasana, der »Lotussitz«. Wie ich schon sagte, fällt es den meisten

Europäern schwer ihn einzunehmen. Andererseits eignet er sich ausgezeichnet dazu, bestimmte feinstoffliche Ströme im »Ätherkörper« umzuleiten, und in einem späteren Stadium werde ich Sie mit einer vereinfachten Form bekannt machen. In unseren westlichen Schulen nehmen wir im Allgemeinen die »Gotteshaltung« ein. Sie sieht folgendermaßen aus: Setzen Sie sich aufrecht auf Ihren Stuhl, das Rückgrat so gerade wie möglich, doch nicht steif und verspannt. Bedenken Sie, dass das Rückgrat von Natur aus leicht gekrümmt ist. Die Füße stehen fest und gerade auf dem Boden, die Knie berühren sich fast, die Hände liegen auf den Oberschenkeln. Die Füße dürfen bei dieser Übung nicht gekreuzt, die Hände nicht gefaltet werden. Es ist die Haltung einiger ägyptischen Statuen aus der Pharaonenzeit. Wie gesagt ist die beste Sitzgelegenheit ein ziemlich harter Stuhl und falls Sie unbedingt ein Kissen brauchen, sollte es ebenfalls fest sein. Sollte es Ihnen das Kissen erschweren, die Füße fest auf den Boden zu stellen, dann fürchte ich, müssen Sie es weglassen, einen niedrigeren Stuhl nehmen oder eine Fußbank benutzen.

Nun beginnen Sie sich zu entspannen. Über die Möglichkeiten der Entspannung sind viele falsche Vorstellungen verbreitet worden, doch Entspannung ist für jegliche okkulte Arbeit grundlegend wichtig, darum beschäftige ich mich so ausführlich damit. Erstens können Sie sich nicht richtig entspannen, bevor Sie nicht festgestellt haben, wo Sie gewohnheitsmäßig verspannt sind. Deshalb müssen Sie zuerst herauszufinden versuchen, an welchen Stellen Ihres Körpers Sie zu Verspannungen neigen. Dann müssen Sie sich darin üben, jeden Körperteil willentlich anzuspannen und die Spannung wieder zu lösen. Es ist so ähnlich, als wenn Sie als »Fahrschüler« lernen von einem Gang in einen anderen zu schalten. Im mentalen Bereich wird Ihre Arbeit von gleicher Bedeutung sein.

Beginnen Sie an der höchsten Stelle des Kopfes. Nehmen Sie die »Gotteshaltung« ein, richten Sie Ihre Aufmerksamkeit auf die höchste Stelle des Kopfes und machen Sie sich die Spannungen bewusst, die an dieser Stelle herrschen. Wahrscheinlich werden Sie ebenso überrascht sein wie ich, wenn Sie feststellen, dass Sie die Kopfhaut gewohnheitsmäßig anspannen. Da wir deren Muskeln normalerweise nicht bewusst betätigen, vergessen wir leicht, dass sie angespannt werden können; die Folge ist eine unwillkürliche Anspannung. Stellen Sie vorläufig lediglich fest, ob Ihre Kopfhaut angespannt ist oder nicht. Richten Sie dann Ihre Aufmerksamkeit auf die Stirn und das Gesicht. Wahrscheinlich werden Sie auch dort viele Spannungen entdecken. Gehen Sie jetzt von oben nach unten zum Hals, zur Brust, zum Unterleib und schließlich zu den Knöcheln und Füßen. Notieren Sie dann auf der ersten Seite Ihres Tagebuchs die verschiedenen Spannungsbereiche, die Sie gefunden haben, womit der erste Teil dieser Untersuchung abgeschlossen ist.

Nun müssen Sie die Ursachen dieser Spannungen herausfinden. Vielleicht spannen Sie die Augen- und Gesichtsmuskeln infolge eines Sehfehlers oder einer unpassenden Brille oder auf Grund einer psychischen Belastung an? Was auch der Grund sein mag, die Muskelspannungen müssen gelöst werden. Rein physische Ursachen wie eine unpassende Brille können leicht beseitigt werden; schwieriger ist es mit psychischen Ursachen. Das Wichtigste ist jedoch, sie sich bewusst zu machen; dann ist die Schlacht schon halb gewonnen.

Regelmäßige Übungen werden Ihnen mit der Zeit helfen, sich wirklich zu entspannen. Wenn Sie alle körperlichen Spannungen notiert haben, können Sie zum nächsten Teil der Übung gehen. Die zuvor genannten Spannungen sind unwillkürlich, der nächste Schritt besteht also darin, bewusst Spannungen zu erzeugen. Das heißt: Gehen Sie über Ihren Körper in der gleichen Weise, diesmal jedoch spannen Sie die Muskeln bewusst an und beobachten dann die dabei auftretenden Empfindungen. Wenn Sie dies getan haben, gehen Sie wieder die verschiedenen Körperteile durch, dabei entspannen Sie jetzt jedoch die einzelnen Muskelgruppen. Dies ist schwieriger, denn wenn Sie zu einem neuen Bereich übergegangen sind, werden Sie merken, dass Sie einige der vorhergehenden Muskeln wieder angespannt haben, so dass Sie wieder von vorn beginnen müssen. Am besten ist es, anfangs nur mit einem Teil des Körpers zu üben und zu lernen, diesen vollkommen zu entspannen. Wenn Ihnen dies gelingt, können Sie die Entspannung auf den nächsten Bereich ausdehnen, bis Sie über den ganzen Körper gegangen sind.

Jetzt kommen wir zum schwierigsten Teil dieser Übung. Sie haben gelernt, sich zu entspannen, und Sie haben auch geübt, die Muskeln bewusst anzuspannen. Der nächste Schritt ist, einen Zustand zu erreichen, der in der Mitte zwischen beiden liegt. Wenn Sie sich richtig entspannt haben, dürfen Sie nicht in einen trägen, lethargischen Zustand versinken, sondern müssen eine Ausgeglichenheit bewahren, in der Sie gut entspannt, jedoch imstande sind, sofort zu handeln, falls die Umstände dies erfordern. Sie werden sehen, dass diese Ausgeglichenheit sehr schwer zu erlangen ist und dass Sie den »Trick« erst nach wiederholten Versuchen beherrschen werden. Es ist so ähnlich, als ob Sie Radfahren lernen; die Fähigkeit, das Gleichgewicht zu halten, stellt sich ganz plötzlich ein und wird Teil des Unterbewusstseins. Sobald Sie sie erworben haben, wird sie zu einer automatischen Fertigkeit.

Somit haben wir drei Stufen in dieser Übung. Zuerst werden die Spannungen ausfindig gemacht. Dann werden die Spannungen gelöst, und schließlich werden die Muskeln in einen ausgeglichenen Zustand gebracht. Der erste Schritt braucht nicht wiederholt zu werden, wenn Sie die unwillkürlichen Spannungen aufgespürt und ihre Ursachen beseitigt haben, doch die beiden anderen sind wichtige Teile der Übung und müssen stets durchgeführt werden.

Nach regelmäßigem Üben werden Sie imstande sein, völlige Entspannung und Ausgeglichenheit zu erreichen, und Sie müssen diese Fähigkeiten erworben haben, bevor Sie zum nächsten Teil der Arbeit übergehen. Denken Sie bitte immer daran, diese Vorübungen können sehr monoton werden, doch sie sind überaus wichtig.

Nun kommen wir zu der Frage der Atemübungen. In einem späteren Stadium Ihrer Ausbildung werden Sie besondere Atemübungen lernen, doch vorläufig reicht die eine, die ich Ihnen nun gebe, völlig aus. Man hat herausgefunden, dass ein eindeutiger Zusammenhang zwischen der Atemfrequenz und dem emotionalen Zustand besteht. Sicherlich haben Sie schon bemerkt, dass Ihre Atemfrequenz beträchtlich erhöht ist, wenn Sie erregt sind. Sind Sie hingegen ruhig und entspannt, so atmen Sie viel langsamer. Dieser Zusammenhang zwischen emotionalem Zustand und Atmung wurde schon vor langer Zeit entdeckt und man hat sich die Wechselbeziehung, um die es sich handelt, zunutze gemacht. Beruhigen sich die Emotionen, verlangsamt sich auch der Atem; umgekehrt beruhigen sich die Emotionen, wenn man den Atem verlangsamt. Auf dieser einfachen Tatsache beruht die Atemgrundübung.

Am besten ist es, wenn Sie das selbst ausprobieren und den Zusammenhang herausfinden. Atmen Sie schnell und stellen Sie fest, welche Wirkungen das auf Sie hat. Abgesehen von den emotionalen Wirkungen werden Sie bestimmte körperliche Reaktionen bemerken, die auf die starke Sauerstoffzufuhr zurückzuführen sind. Sollten Sie den ganzen Tag eine sitzende Tätigkeit ausüben, dann können Sie übrigens durch dieses schnelle Atmen das Blut mit Sauerstoff anreichern, was rein körperlich eine sehr wohltuende Wirkung hat. Übertreiben Sie dieses schnelle Atmen jedoch nicht. Es stellt an sich keinen Teil der Übung dar.

Wenn Sie die Wirkungen des schnellen Atmens festgestellt haben, versuchen Sie die Atmung zu verlangsamen. Wieder werden Sie bestimmte körperliche Wirkungen bemerken, und wieder gibt es einen Punkt, an dem Sie aufhören müssen, vorläufig zumindest. Wie Sie in meinem früheren Buch gelesen haben, besteht die Gefahr, meine Anweisungen misszuverstehen oder falsch auszuführen. Dies ist vor allem der Fall, wenn es heißt, dass Sie »den Atem anhalten« sollen. Wie ich dort bereits sagte, besteht die Tendenz die Lunge aufzublähen, den Mund zu schließen und dann den Atem mittels Muskelanspannung anzuhalten. Dadurch kann ein sehr starker Druck in der Lunge entstehen, und wie sinnvoll dies unter kontrollierten Bedingungen auch sein mag, bei den Atemübungen ist es unerwünscht.

Kommen wir nun zu der ersten Atemübung. Wenn Sie die bereits geschilderte Meditationshaltung eingenommen und sich entspannt haben, atmen Sie durch die Nase ein und füllen Sie die Lunge so weit wie möglich. Ich sage, so weit wie möglich, weil wir im Allgemeinen nur selten die volle Kapazität der Lunge nutzen. Die weit verbreitete »flache« Atmung ist möglicherweise eine der Ursachen des schlechten gesundheitlichen Zustandes, den wir überall um uns herum bemerken. Gerade wichtig ist dies für viele Menschen, die eine vor allem sitzende Tätigkeit ausüben. Vom körperlichen Standpunkt aus betrachtet, sind diese Atemübungen deshalb von großem Nutzen. Vom magischen Standpunkt her sind sie jedoch noch wertvoller, was ich später noch näher erläutern werde.

Zu Beginn Ihrer Ausbildung sollten Sie sich bemühen, die Luftmenge, die Sie ohne Anstrengung einatmen können, allmählich zu vergrößern. Bedenken Sie, dass die Lunge sich erweitern muss, um eine zusätzliche Menge aufzunehmen, und wenn Sie Ihr Leben lang flach geatmet haben, fällt es der Lunge schwer, sich plötzlich auf den neuen Rhythmus einzustellen. Ich betone dies, weil es, obwohl es sehr einfach erscheint, äußerst wichtig ist.

Sie haben jetzt so tief eingeatmet, dass die Lunge voll gefüllt ist. Stellen Sie nun einen bestimmten Rhythmus her. Zählen Sie beim Einatmen im Geist eins, zwei drei vier, und dann versuchen Sie, die Geschwindigkeit auf einen natürlichen Rhythmus abzustimmen, oder wie es Ihnen zunächst am leichtesten fällt. Anfangs wird es Ihnen vielleicht sehr schwer fallen, so tief einzuatmen, so dass der Schnelligkeit natürliche Grenzen gesetzt sind. Wenn Sie jedoch im Geist zählen und für das Zählen den richtigen zeitlichen Rhythmus finden, werden Sie feststellen, dass sich für das Einatmen eine bestimmte Zeitdauer ergibt.

Jetzt müssen Sie den Atem anhalten und wenn Sie beim Einatmen bis vier gezählt haben, sollten Sie dabei im gleichen Rhythmus bis zwei zählen. Halten Sie den Atem an, indem Sie die Rippen in der Position belassen, in der sie sich befinden, wenn das Einatmen beendet ist, und entspannen Sie die Kehle. Es müsste Ihnen jetzt möglich sein, die Luft zum Teil auszustoßen, indem Sie sich fest auf die Brust klopfen. Wenn Ihnen dies gut gelingt, haben Sie den ersten Schritt zur richtigen Atemkontrolle getan. Nun müssen Sie ausatmen. Zählen Sie wiederum eins, zwei, drei, vier, während Sie die Brustmuskeln entspannen. Jetzt müssen Sie diese Muskeln benutzen, um die restliche Luft heraus zu pressen. Im Allgemeinen benutzen wir nur einen kleinen Teil der Lungen, und wenn wir ausatmen, werden große Bereiche von ihnen nicht in diesen Vorgang einbezogen. In diesen Bereichen kann sich Kohlendioxyd, das eigentlich ausgeatmet werden soll, ansammeln, wodurch der volle Einsatz des Atmungsapparats verhindert wird. Pressen Sie also, ohne sich anzustrengen, so viel verbrauchte Luft wie möglich heraus, und halten Sie, wenn die Lunge entleert ist, wieder den Atem an und zählen Sie dabei eins, zwei. Dann beginnen Sie wieder von vorn.

In diesem Stadium der Ausbildung sollten Sie die Tiefenatmung nicht übertreiben. Später, wenn Sie fortgeschrittenere Formen der Atemkontrolle erlernt haben, können Sie die

Zahl der Atemzüge erhöhen, doch im Moment beschränken Sie sich bitte auf sechs vollständige Ein- und Ausatmungen. Ich werde Sie wissen lassen, wann Sie die Zahl steigern sollen.

Dies ist die einzige reine Atemübung, die Sie durchführen müssen. In einem späteren Stadium werde ich Sie mit komplizierteren Übungen bekannt machen, in die auch der Atem einbezogen ist, doch diese beruhen auf anderen Prinzipien. Vielleicht ist es nützlich, wenn ich vorab kurz darauf eingehe.

Ich habe bereits das »ätherische Doppel« oder den »Vitalkörper«, wie es auch genannt wird, erwähnt und auf dieses Doppel wird mit den folgenden Übungen eingewirkt. Im Vitalkörper zirkulieren, wie schon der Name sagt, die Lebenskräfte in bestimmten Kanälen. Doch der Vitalkörper besteht nicht aus der gleichen grobstofflichen Materie wie der physische Körper, den wir während unseres irdischen Lebens benutzen. Der Vitalkörper besteht aus einer feineren Substanz und stellt eine Art Verbindungsglied zwischen der festen und der feinstofflichen Materie der inneren Ebenen dar. Er ist auch bekannt als der »Verbindungs-Körper«, weil er die Verbindung zwischen dem physischen Körper und den feineren Arten der Materie hält. Wie einer Matrize ist ihm der physische Körper nachgeformt, und alle Lebensprozesse im materiellen Körper sind auf die Lebenskräfte angewiesen, die diesem durch ihn zugeführt werden. Im Vitalkörper befinden sich die Verbindungsstellen zwischen der physischen und der so genannten »astralen« Ebene. Deshalb durchfließen ihn nicht nur die Lebensströme des physischen Körpers, sondern er bildet auch die Brücke zwischen dem Bewusstsein des physischen Gehirns und den Bewusstseinsformen der inneren Ebenen. Man muss sich klar darüber sein, dass das normale

Wachbewusstsein nur ein Teil unseres vollen Bewusstseins ist. Nach psychologischer Definition gibt es eine unterbewusste, eine bewusste und eine überbewusste Ebene des Geistes und von diesen drei Ebenen nimmt das Bewusstsein des physischen Gehirns den niedrigsten Rang ein. Obwohl es den anderen Beiden in vieler Hinsicht untergeordnet ist, findet in ihm jedoch gleichzeitig unsere geistige Entwicklung statt, und deshalb ist es trotz des niedrigen Rangs besonders wichtig.

Ich betone dies so stark, weil in vielen Büchern über diese Themen, die Sie lesen werden, der physische Körper mit seinem Bewusstsein als etwas Minderwertiges hingestellt wird, an dessen Stelle ein so genanntes »höheres« Bewusstsein entwickelt werden muss. Dies ist eine sehr alte Lehre. Sie findet sich in der neuplatonischen Philosophie und hat in Form der Manichäischen Häresie Eingang in die Lehren der frühchristlichen Kirche gefunden. Obwohl diese Lehre von der christlichen Kirche verworfen wurde, ist sie im Lauf der Jahrhunderte immer wieder aufgetaucht. Eine ihrer Formen ist der »Puritanismus« und als die östlichen Lehren in den Westen gelangten, fand dieser alte Irrtum neuen Nährboden.

Unsere Schule, der Sie nun angehören, lehnt diese Idee kategorisch ab. Die kabbalistische Philosophie, die unserer gesamten Lehre zu Grunde liegt, betrachtet die physische Welt und den physischen Körper auf völlig andere Weise. Sie sieht in der Materie nichts Minderwertiges, sondern die »strahlende Hülle des Ewigen«, die Manifestation des ewigen Seins. Nach dieser Anschauung wohnt der Materie nichts Negatives inne und die physische Sphäre ist ebenso »göttlich« wie die so genannten »höheren Ebenen«. Fest steht jedoch, dass sie eine begrenzte Sphäre ist. Sie zwingt das Bewusstsein in bestimmte, ziemlich enge Grenzen ein, und wer schon einmal Kontakt mit der Lebensfülle, die auf den inneren Ebenen herrscht, gehabt hat, dem erscheint sie eindeutig tiefer stehend. Da jedoch in der Sphäre unseres persönlichen Bewusstseins unsere geistige Entwicklung stattfindet, ist die Fähigkeit, unser physisches Bewusstsein richtig zu nutzen, sehr wichtig. Es hat wenig Sinn »höheres Bewusstsein« entwickeln zu wollen, wenn wir es mit unserem physischen Bewusstsein nicht in Übereinstimmung bringen können. Das göttliche Bewusstsein würde in diesem Fall in das physische Bewusstsein wie grelles Licht einströmen, so weit entfernt von einer »Erleuchtung« wie eine Erblindung des normalen Bewusstseins, so wie ein sehr heller Lichtstrahl die körperlichen Augen vorübergehend blenden kann. Deshalb streben wir bei der Ausbildung unserer Schüler die allmähliche Entwicklung des normalen Bewusstseins an, bis dieses fähig ist, sich die inneren Formen des Bewusstseins zu erschließen.

Denken Sie während Ihrer Ausbildung stets an den Grundsatz: »Was Gott geheiligt hat, sollst du nicht herabsetzen.« Verachten oder schmähen Sie niemals die physische Ebene oder den Körper, der aus dem Stoff dieser Ebene erschaffen ist. Ich werde Sie während unserer gemeinsamen Arbeit immer wieder an diese Dinge erinnern, und ich bitte Sie, dieses Grundgesetz Ihrem Geist einzuprägen und es als eine Vorbedingung all Ihrer magischen Arbeit zu betrachten.

Ich spreche hier hinsichtlich geistiger und körperlicher Übungen eine sehr ernste Warnung aus, die auf eigenen Erfahrungen beruht. Es ist unbedingt erforderlich, den physischen Körper und sein ätherisches Doppel in die Arbeit einzubeziehen, und im Osten gibt es sehr viele Lehren und Übungen, sie sich mit diesem Aspekt der Ausbildung beschäftigen. Eines dieser Systeme wird »Hatha-Yoga« genannt und viele Menschen, die östliche Methoden praktizieren oder zu praktizieren versuchen, warnen vor den Gefahren des Hatha-Yoga. Diese sind zum Teil berechtigt, doch dass eine Sache falsch angewendet werden kann, sollte einen nicht abhalten, weisen Gebrauch davon zu machen. In unserer Schule werden die gleichen Lehren und Übungen wie im Hatha-Yoga praktiziert, sie sind jedoch der körperlichen und psychischen Konstitution westlicher Schüler angepasst.

Wir alle neigen dazu Fehler zu begehen, vor allem in der Zeit unserer Ausbildung, da wir in der Überzeugung, die uns aufgetragene Arbeit zufrieden stellend getan zu haben meinen, wir könnten etwas aus einer anderen Quelle hinzufügen, aus einem Buch, das wir gelesen haben, oder aus den Lehren einer anderen Organisation. Ich war in dieser Hinsicht keine Ausnahme, und obwohl man mich davor gewarnt hatte, die Übungen mit anderen zu vermischen, glaubte ich es besser zu wissen und fügte meiner regelmäßigen Meditation eine der Yoga-Atemübungen hinzu. Dies brachte wohl Ergebnisse, allerdings recht zweifelhafter Art. Ich entwickelte ein erhöhtes mediales Wahrnehmungsvermögen, doch zugleich traten ernste psychische Störungen auf. Obwohl mein Lehrer mir half, dauerte es lange, bis die Folgen meines unüberlegten Handelns beseitigt waren. Ich rate Ihnen deshalb eindringlich, nicht in die gleiche Falle zu tappen; diese Methoden, Erfahrungen zu sammeln, sind viel zu riskant.

KAPITEL V
MEDITATION

Die ersten geistigen Übungen, die Sie erhalten haben, waren die »Vorbereitung des Ortes« und die abendliche »Rückschau«. Letztere eignet sich eher für eine Meditation in den Abendstunden als am frühen Morgen. Es ist jedoch nicht ratsam, spät abends zu meditieren, wenn der Körper müde und das ätherische Doppel erschöpft ist. Am späten Abend sollte man nur eine stille, nicht anstrengende Meditation machen. Ich werde Ihnen später mehr darüber sagen.

Beginnen Sie mit der Rückschau-Meditation und fahren Sie dann mit der Vorbereitung des Ortes fort. Danach können Sie sich mit dem gestellten Thema beschäftigen. Wahrscheinlich werden Sie ziemlich enttäuscht sein, wenn Sie es erfahren, deshalb möchte ich zuvor etwas über das Prinzip dieser Idee sagen. Sie kennen die These, dass alles Wissen letzten Endes auf den Eindrücken basiert, die uns die Sinne vermitteln. Viele Physiologen sind der Meinung, dass Eindrücke nur durch die körperlichen Sinne empfangen werden können, doch wir wissen aus Erfahrung, dass sehr viele Eindrücke durch die nicht-körperlichen Sinne vermittelt werden. Bei diesen ersten Übungen werden wir uns jedoch mit dem durch die physischen Sinne erlangten Wissen befassen.

Ich erwähnte bereits die zwei Arten von Übungen: Bei der einen lässt man Bilder in die Mentalsphäre aufsteigen, bei der anderen werden die geistigen Bilder bewusst erschaffen. Der

Schüler muss deshalb seine Beobachtungsgabe entwickeln und sich einen Vorrat klarer geistiger Bilder schaffen, die er sich willentlich ins Bewusstsein rufen kann. Menschen unterscheiden sich enorm in dieser Hinsicht. Manche besitzen ein bildhaftes Erinnerungsvermögen, wodurch sie willentlich sehr klare Bilder früherer Geschehnisse ins Gedächtnis zurückrufen können, während andere nur undeutliche, verschwommene Bilder heraufbeschwören können, die aber meist stark mit Emotionen besetzt sind. Unklare, verschwommene Vorstellungen sind jedoch nicht erwünscht. Sie müssen sich deshalb darin üben, deutliche geistige Bilder zu erschaffen. Der Begriff »Bilder« umfasst übrigens nicht nur visuelle Bilder, sondern auch die durch den Geruchs-, Tast-, Geschmacks- und Gehörsinn vermittelten Eindrücke. Gute Leistungen in dieser Hinsicht können nur die durch Entwicklung einer stark vernachlässigten Fähigkeit, der Beobachtungsgabe, erzielt werden.

Es ist wirklich wichtig, dass Sie diese Fähigkeit zuerst entwickeln. Dies geschieht am besten, indem Sie die Geschehnisse des Tages in Ihre Arbeit einbeziehen. Zum Beispiel fahren Sie mit dem Bus oder der Bahn zur Arbeit. Sie sind von vielen Menschen umgeben, die alle mit ihren eigenen Angelegenheiten beschäftigt sind. Die Versuchung ist groß, sich in sich selbst zurückzuziehen, in »Tagträumen« zu versinken oder sich in die Morgenzeitung zu versenken. Stattdessen sollten Sie diese Gelegenheit nutzen, um Ihre Beobachtungsgabe zu verbessern. Sie sollen dabei nicht Sherlock Holmes nacheifern, wie er von dem verstorbenen Sir Arthur Conan Doyle beschrieben wurde, sondern nur Ihre Aufmerksamkeit auf die Vorgänge in Ihrer Umgebung richten und bewusst, doch ohne jemanden unverschämt anzustarren, beobachten, was die Leute um Sie herum tun und was in den Straßen, durch die Sie fahren, geschieht. Das mag Ihnen uninteressant und langweilig erscheinen, ist aber ein sehr wichtiger Teil Ihrer Ausbildung.

Ein Ziel unseres Lebens in dieser physischen Welt ist die Entwicklung der Fähigkeit, das Materielle zu beherrschen – so glauben wir. Dies bedeutet viel mehr als die Bewältigung materieller Ereignisse, denn es müssen auch Ethik und Moral mit den ewigen spirituellen Prinzipien, die aller Manifestation zu Grunde liegen, in Einklang gebracht werden. Aber das Wichtigste zuerst und so müssen wir erst einmal die rein materiellen Ebenen beherrschen lernen. Jegliche subjektive, emotionale »Spiritualität«, die dazu führt, dass man sich den Mühen und Plagen des täglichen Lebens auf der physischen Ebene zu entziehen trachtet, ist eine »Wirklichkeitsflucht«. Wir dürfen es uns ruhig gelegentlich gönnen, »hinter der Front« auszuruhen, dürfen aber nie vergessen, dass wir wieder in die Schlacht zurückkehren müssen. Wir alle müssen am Lebenskampf teilnehmen, und das Bestreben, sich ihm völlig zu entziehen, ist »Feigheit vor dem Feind«; Zurückweichen ist überdies nutzlos, denn irgendwann in der Zukunft müssen wir uns dem Unangenehmen, dem wir ausweichen wollten, stellen.

Ich weiß, das klingt sehr hart und stimmt nicht mit den besänftigenden Lehren überein, die häufig als spirituell oder mystisch bezeichnet werden, und vielleicht denken Sie auch, während Sie diese Zeilen lesen, an die Männer und Frauen, die den kontemplativen Orden der christlichen Kirche angehören, sowie an die Anhänger anderer Religionen, die einen ähnlichen Weg gehen. Ich kann nur sagen, dass auf dem Weg der Hohen Magie und auch auf dem Mystischen Weg kein spiritueller Beruhigungssaft ausgegeben wird. Seelischer Trost wird gespendet; niemand wird dem Sumpf der Verzweiflung überlassen. Es wird uns geholfen und es gibt Zeiten der Erholung. Doch »erst die Arbeit, dann das Vergnügen«. Es gibt einen Rhythmus in diesen Dingen. Was den kontemplativen Weg betrifft, so würden Sie, falls Sie dazu berufen wären, feststellen, dass es sich dabei nicht um Wirklichkeitsflucht oder Abkehr vom Leben handelt, sondern um ein höchst mühsames Streben, am weltlichen Leben auf eine besondere Weise teilzunehmen. Doch jedem Menschen sein eigener Meister und da Ihre Berufung der Weg der Hohen Magie ist, müssen Sie sich deren Ausbildung und Disziplin unterwerfen. Wir lehren unsere Schüler nicht, über hochtrabende Dinge zu meditieren, sondern tragen ihnen sehr weltliche Übungen auf. Um eine Redewendung zu benutzen, die oft von okkulten Schülern falsch verstanden wird: Wir fangen unten an und arbeiten uns hinauf. Dabei muss man natürlich den Blick nach oben richten und unablässig danach streben, das Bewusstsein zu höheren Sphären zu erheben.

Ich habe das Wort »höher« verwendet, doch, wie ich bereits sagte, ist dies nichts Anderes als die Abgrenzung zwischen höher und tiefer. Dies sind relative Begriffe und viele okkulte Schüler der okkulten Lehren begehen den großen Fehler, bei ihrem Streben, die »höheren Ebenen« zu erreichen, die »niedrigeren« Ebenen zu verachten. Nach unserer Lehre ist dies ein fundamentaler Irrtum und wir sind angewiesen unseren Schülern eine völlig andere Einstellung zu vermitteln. Unsere Schule gründet auf der kabbalistischen Philosophie, der hebräisch-esoterischen Tradition und eine deren Grundlehren ist, dass das Höchste Wesen, das wir Gott nennen, nicht nur dieses Universum »erschuf«, sondern dass Es auch in allen seinen Manifestationen präsent ist und dass alle Arten von Materie Ausdrucksformen Seines Wesens sind. Die physische Ebene ist ebenso »göttlich« wie irgendeine der feinstofflichen Sphären, die wir »höhere Ebenen« nennen. Wir bezeichnen diese traditionell als die »inneren Ebenen« Dadurch wird die falsche Vorstellung vermieden, wonach Geist und Materie ewige Gegensätze seien. Diesem Irrglauben sind die esoterischen Schulen in ihrer Geschichte immer wieder zum Opfer gefallen und, verkleidet als »Manichäische Häresie«, hat er Eingang in die frühchristliche Kirche gefunden und dort im Laufe der Jahrhunderte immer wieder sein Haupt erhoben. Die katholische Kirche hat ihn verworfen, doch nach der Reformation, als die protestantischen Kirchen sich von Rom lossagten, ist er in einigen der neuen religiösen Organisationen wieder aufgetaucht.

Wir hingegen betrachten Materie, gleich welcher Art, als die »strahlende Hülle des Ewigen«, als ein lebendiges Kleid, als einen Teil des Ewigen oder, genauer gesagt, als Ausdrucksform des unendlichen Lebens. Daraus folgt, dass unser materieller Körper und die uns umgebende materielle Natur gleichermaßen »heilig« sind und nicht verachtet werden dürfen. Ich betone das deshalb so nachdrücklich, damit Sie Ihren Weg frei von geistigen Scheuklappen und der irrigen Vorstellung, es gäbe »Hohes« und »Niedriges«, antreten können. Seien Sie stets bestrebt zu erkennen, dass das Ewige sich in allen Dingen manifestiert, ja, in allem im Himmel, auf Erden, in den Wassern und unter der Erde, und dass wir wahrlich, wie der Heilige Paulus, einen griechischen Dichter zitierend sagte: »In Ihm leben und bewegen wir uns und haben unser Sein.«

Nachdem wir uns mit diesem wichtigen Punkt beschäftigt haben, wollen wir zu unseren Meditationsübungen zurückkehren. Bevor Sie geistige Bilder erschaffen und anwenden können, muss also die Beobachtungsgabe verbessert werden, und die beste Methode dafür habe ich Ihnen geschildert. Hüten Sie sich jedoch davor, die Übungen zur Entwicklung der Beobachtungsgabe zu verwenden, um die privaten Gespräche anderer Leute zu »belauschen«. Ich weiß, dass dies vorgekommen ist, und als man es einem Schüler vorhielt, erwiderte er, dass er es getan habe, um seinen Gehörsinn zu schärfen!

Es scheint nur eine Kleinigkeit zu sein, doch es ist sehr wichtig, dass wir unter keinen Umständen, weder mit psychischen noch mit physischen Mitteln, in das Privatleben anderer eindringen dürfen. Dieses Verbot beruht auf einem Grundsatz, der in der Bibel zu finden ist. Dort heißt es: »Verflucht sei, wer seines Nachbarn Grenzstein entfernt.« Da die Menschen damals hauptsächlich von der Landwirtschaft lebten, war dies eine wirkliche Gefahr; im übertragenen Sinn ist es dies auch heute noch. In einem anderen großen Orden lautet dieses Verbot: »Verflucht sei, wer unerlaubt eine Grenze überschreitet.«

»Wo ist diese Grenze, dieser Grenzstein?« werden Sie fragen. Um dies zu beantworten, müssen wir bestimmte Einzelheiten der menschlichen Struktur betrachten. Wir neigen zu der Vorstellung, dass unser Geist irgendwie in unserem Schädel eingeschlossen ist, wenngleich wir uns nicht sicher sind, wo er sich genau befindet. In Wirklichkeit ist der Geist in allen Teilen unseres Körpers. Besser wäre es zu sagen, dass nicht der Geist im Körper ist, sondern der Körper im Geist.

Das geistige Feld dehnt sich über den Körper hin aus, ebenso wie das Magnetfeld über den Magneten. Dieses Kraftfeld, das jeden von uns umgibt, wird als »Aura« bezeichnet und es ist nur unser eigenes Kraftfeld, unsere eigene Aura, mit der wir arbeiten dürfen. Ihre Grenzen bilden den so genannten »Nicht-passierbaren-Ring«.* Dieser Begriff wird in den esoterischen Schulen angewandt, um die Grenze des Universums zu erklären, von der wir lehren, dass das ganze Universum von dem Bewusstsein des Einen gehalten wird, genauso wie das kleine Universum von uns gehalten wird und von dem Bewusstsein, das wir unser Höheres Selbst nennen.

Dieser »Nicht-passierbare-Ring« muss respektiert werden, und wir dürfen niemals in die persönliche Sphäre eines anderen Menschen eindringen. Wenn Sie darüber nachdenken, werden Sie erkennen, dass dieser Grundsatz für einen sehr großen Bereich gilt, und es ist wichtig, dass Sie ihn fest in Ihrer Philosophie verankern, denn wenn Sie einige Ihrer latent vorhandenen inneren Kräfte anzuwenden beginnen, werden Sie sehen, dass die Versuchung groß ist, sie auch einzusetzen, um andere Menschen zu Ihrem Vorteil zu »beeinflussen«. Zur Zeit sind viele Bücher auf dem Markt, in denen die Beeinflussung anderer zum eigenen Nutzen gelehrt wird. Solche Praktiken sind in den esoterischen Schulen des Osten wie des Westens verboten. Würde ich merken, dass Sie gegen

---

* Siehe »Die kosmische Doktrin« von Dion Fortune, Aurinia Verlag 2004

dieses Verbot verstoßen, würde ich sofort Ihre Ausbildung abbrechen. Seien Sie sich stets bewusst, dass der Leitgedanke Ihrer Arbeit lautet: »Ich wünsche zu wissen, um dienen zu können.« Falls es erforderlich ist, Ihre Kräfte zum Wohl eines Anderen einzusetzen, werden Sie dazu Gelegenheit erhalten, doch jeder Versuch, diese Kräfte ohne Zustimmung der betreffenden Person anzuwenden, ist gefährlich. In einem späteren Stadium Ihrer Ausbildung werden Sie wiederum auf dieses Gebot stoßen, denn es ist eine Grundlage, keine willkürliche Regel.

Nun werden Sie beginnen, Ihre Beobachtungsgabe zu schulen. Hier sind ein paar Punkte, die Sie beachten sollten.

Konzentrieren Sie Ihre Aufmerksamkeit nicht auf eine bestimmte Person oder Sache; erlauben Sie Ihrer Beobachtung über ein möglichst großes Areal zu schauen und beziehen Sie darin auch alltägliche Dinge ein wie Busse und Autofahrer, ganz zu schweigen von den Launen von Hunden und Kindern. Richten Sie Ihre Aufmerksamkeit nicht so stark auf ein bestimmtes Objekt, so dass Sie gar von einem Bus oder Auto überfahren werden; bringen Sie nicht den ganzen Verkehr durcheinander, indem Sie unachtsam eine belebte Straße überqueren. In beiden Fällen könnten Sie zu einem Bewohner der inneren Ebenen werden, bevor die Zeit dafür reif ist. (Mir ist ein solcher Fall bekannt, wo einer medial begabten Frau dies passiert ist, weil sie sich ohne Rücksicht auf die Vorgänge auf der physischen Ebene ihrer übersinnlichen Wahrnehmungsfähigkeit überließ.)

Hier ist eine gute Übung für die Beobachtungsgabe, eine Übung, die die Kraft entwickelt, welche uns erlaubt die Bilder aufsteigen zu lassen.

Fragen Sie sich, wie die Straße, in der Sie wohnen, aussieht; wie die Häuser darin ausschauen; wie viele Fenster das größte Haus hat; worin sich beide Straßenseiten unterscheiden. Formulieren Sie diese Fragen und versuchen Sie diese zu beantworten. Wahrscheinlich werden Sie ebenso wie ich, als ich diese Übung zum ersten Mal machte, feststellen, dass Sie die Straße, obwohl Sie hunderte Male dort entlang gegangen sind, nicht detailliert beschreiben können. Es empfiehlt sich deshalb, sie stets genau zu betrachten, wenn Sie auf ihr entlang gehen, denn dann werden Sie zu einem späteren Zeitpunkt in der Lage sein, beide Arten von Bildern hervorzurufen – die, welche Sie bereits »aufgebaut« haben und die, welche Sie später durch Ihre Beobachtungsgabe heraufbeschwören können. Versuchen Sie aber dabei nicht, alles auf einmal zu erfassen, bevor Sie darin geübt sind, die Sinneswahrnehmungen richtig einzuordnen. Bisher habe ich nur von visuellen Eindrücken gesprochen, doch sollten Sie natürlich ebenso auf die Wahrnehmungen der anderen Sinne achten.

Eine Variante dieser Übung besteht darin, auf ein Tablett kleine Gegenstände zu legen, diese eine Minute lang zu betrachten, dann das Tablett zuzudecken und die Gegenstände aufzuzählen. Diese Übung ist für den Anfänger ziemlich schwierig, doch Sie sollten sie hin und wieder durchführen, um festzustellen, welche Fortschritte Sie bei der Entwicklung Ihrer Beobachtungsfähigkeit gemacht haben.

Allen diesen Übungen liegt ein klares Prinzip zu Grunde und es bleibt Ihrer eigenen Findigkeit überlassen, sich weitere Übungen auszudenken. Auf diese Weise können Sie sich an eigenständiges Arbeiten gewöhnen und werden nicht zu abhängig von mir. Bemühen Sie sich, bei all diesen Dingen stets das ihnen zu Grunde liegende Prinzip herauszufinden, befolgen Sie nicht einfach nur stur die Anweisungen. Dies ist ein sehr wichtiger Punkt. Sicher werden Sie nicht immer den Sinn einer Übung voll begreifen, doch sollten Sie imstande sein, die dahinter liegende Bedeutung ungefähr zu erfassen. Ist dies nicht der Fall, dann liegt der Fehler vielleicht bei mir. Wenn Sie nach sorgsamen Studien eine Übung nicht verstehen, nicht erkennen, worum es dabei geht, so teilen Sie mir dies mit, und ich werde mein Bestes tun, um es verständlicher darzustellen. Glauben Sie bitte nicht, dass ich aus solchen Fragen den Schluss ziehen würde, Sie seien schwer von Begriff. Wir alle offenbaren ungern unsere Unwissenheit, vor allem im Rahmen einer Ausbildung; doch dürfen dadurch nicht, wie ich Ihnen bereits sagte, bestimmte wichtige Punkte unverstanden bleiben und bei der Errichtung des Fundaments Lücken entstehen.

In dieser Hinsicht noch ein anderer Hinweis, der zu berücksichtigen ist. Da der menschliche Geist ein Gewohnheitstier ist und zu Trägheit neigt, wird er manchmal versuchen, sich durch eine merkwürdige Trübung der Wahrnehmungsfähigkeit vor einer Übung zu drücken. Es scheint fast, als stelle sich häufig eine Art geistiger Blindheit ein, wenn man sich bemüht, die Grundidee einer bestimmten Lehre zu erfassen, und wenn dies der Fall ist, müssen Sie Ihre Bemühungen dann wiederholen. Wenn Sie dies mit genügend Beharrlichkeit tun, gibt der Geist nach und die mentale »Blockierung« verschwindet. Wahrscheinlich wird sie sich immer wieder einstellen, doch wenn Sie beharrlich bleiben, wird sie sich schließlich ganz auflösen und die neue Gewohnheit wird sich durchsetzen. Ich kann nicht eindringlich genug betonen, wie wichtig es ist, danach zu streben, die Neigung abzulegen, eine Übung den Buchstaben nach zu befolgen, ohne die Prinzipien, auf denen sie beruht, zu verstehen. Sicherlich gibt es Übungen, deren Sinn nicht voll erfasst werden kann, bevor weitere Unterweisungen bedeutsame Hinweise darauf geben, doch es dürfte Ihnen immer möglich sein, den Grundgedanken einigermaßen zu begreifen. Ist dies nicht so, dann liegt vielleicht, wie ich schon sagte, der Fehler bei mir.

Wenn Sie meine Anweisungen erhalten, werden Sie oft feststellen, dass es hilfreich ist, wenn Sie sie zuerst sehr sorgsam durchlesen und dann das Aufgenommene eine Zeit lang in sich »reifen« lassen. Wenn Sie sie sich dann wieder vornehmen, werden Sie sehen, dass Sie manches viel leichter verstehen. Das liegt daran, dass Ihr Unterbewusstsein einige Vorarbeit geleistet hat. Diese besondere Fähigkeit des Unterbewusstseins sollte voll genutzt werden, sie erspart eine Menge geistigen Kampfes.

Nun noch einige Anleitungen für die Arbeit mit visuellen Vorstellungen. Es gibt zwei Methoden, ein Bild oder eine grafische Darstellung zu visualisieren. Die eine besteht darin, sich das Bild oder die grafische Darstellung als Ganzes vorzustellen. Der Nachteil dieser Methode liegt darin, dass das ganze Bild verfälscht ist, falls Sie eine Linie oder ein Detail vergessen. Das ist vor allem dann der Fall, wenn Sie ein so wichtiges Mandala wie den »Baum des Lebens« visualisieren. Bei der anderen Visualisierungsmethode macht man sich zuerst eine Vorstellung von dem Prinzip, das dem benutzten Bild zu Grunde liegt. Wenn Sie Ihrem Geist diese Vorstellung einprägen, werden Sie imstande sein, sie auf richtige

Weise bildlich auszudrücken. Geben Sie Ihrem Bild einen Namen und beschwören Sie es mit diesem Namen aus Ihrem Gedächtnis herauf, aber präzisieren Sie den Namen. »Männer bei der Arbeit« ist zu ungenau, doch »Männer, die eine Straße aufgraben«, wird die richtigen Bilder aufsteigen lassen und es Ihnen erleichtern, sie sich deutlich vorzustellen. In den nächsten Instruktionen werde ich beginnen, Ihnen eine Vorstellung von der großen Glyphe, dem »Baum des Lebens«, zu vermitteln, und Sie dann bitten zu versuchen, ihn zu zeichnen und mir das Ergebnis zu schicken.

Ich hatte einmal einen Schüler, der diese Routinearbeit sehr ungern tat. Er meinte, da er alles darüber wisse, sei es nicht notwendig, immer wieder Zeichnungen davon anzufertigen. Es ist jedoch eine überaus wichtige Übung, vor allem, wenn der Schüler kein guter Zeichner ist. Später werde ich Sie bitten, den Baum des Lebens aus dem Gedächtnis zu zeichnen, und wenn Sie sich nicht bemüht haben, die mit dem Baum zusammenhängenden Prinzipien zu begreifen, wird Ihre Zeichnung zeigen, dass Sie sie nicht wirklich verstanden haben. Ärgern Sie sich also nicht, weil Sie diese Zeichnungen machen müssen und wenn ich sie streng kritisiere.

Wenn Sie mit dem Baum zu arbeiten beginnen, werden Ihnen die Vorübungen zur Entwicklung der Beobachtungsgabe gut zustatten kommen, denn die Arbeit mit dieser großen Glyphe besteht aus zwei Teilen, wie wir bereits festgestellt haben: der Erschaffung von Bildern und der willentlichen Rückrufung ins Gedächtnis.

Vergessen Sie nicht, Ihre Ergebnisse in Ihr magisches Tagebuch einzutragen. Ich weiß aus eigener Erfahrung, wie unangenehm es ist, dem Lehrer ein Tagebuch schicken zu müssen, in dem die Hälfte der Eintragungen aus Bemerkungen bestehen wie »vergessen zu meditieren«, »Anrufungen vergessen« oder »konnte heute nicht meditieren«! Solange der Geist nicht ausreichend geschult ist, werden solche Eintragungen mit monotoner Regelmäßigkeit vorkommen! Doch auch wenn man sich ihrer schämt, muss man sie aufschreiben.

Oft wäre ich am liebsten im Boden versunken, wenn ich mein Tagebuch voller mehr oder weniger sarkastischer Kommentare zurückbekam. Doch diese Kritik müssen Sie hinnehmen, ebenso wie ein Lehrling, der ein Handwerk erlernt, die Kritik seines Meisters.

Es gibt natürlich konstruktive und destruktive Kritik; im Allgemeinen werde ich bestrebt sein, Ihre Bemühungen auf konstruktive Weise zu kritisieren. Manchmal ist jedoch, wie ich aus meiner eigenen Ausbildung weiß, nur eine ausgesprochen destruktive Kritik hilfreich und möglich. Sollte dies der Fall sein, so werden Sie sie, wie ich hoffe, so hinnehmen können, wie ich sie geben muss.

KAPITEL VI
DER BAUM DES LEBENS

Sie werden bemerkt haben, wenn Sie mein Buch »Das Praxisbuch der Magie« gelesen haben, dass wir als Anhänger der westlichen Tradition als Mandala oder Meditationsglyphe ein wundervolles Symbol benutzen, das der hebräischen esoterischen Schule entstammt.

Es heißt Etz Chaim oder »Baum des Lebens« und wir betrachten es als »die mächtige, allumfassende Glyphe sowohl des Universums als auch der Seele des Menschen«. Ich habe nicht die Absicht, den Baum des Lebens in allen Einzelheiten zu beschreiben, denn dies hat bereits auf ausgezeichnete Weise Dion Fortune, eine der größten westlichen Lehrerinnen, in ihrem Buch »Die mystische Kabbala«* getan. Dieses Buch ist die beste Darstellung des Lebensbaums und Sie sollten sich das Buch unbedingt beschaffen und als Lehrbuch sowie als Nachschlagewerk benutzen.

Eliphas Lévi**, der über diese Themen viel geschrieben hat, meint, dass ein Mensch, der im Morgengrauen aufsteht, hinausgeht, einen Ast abschneidet und daraus dann einen Zauberstab anfertigt, dadurch seinen Willen stärkt, und dies ist ein Ziel jeder magischen Ausbildung. Ebenso wie einem Handwerkslehrling muss einem Lehrling der Magie seine neue Arbeit in gewissem Maß Mühe bereiten. Deshalb richten Sie

* Neuausgabe im Aurinia Verlag 2010 (Anm. des Hrsg.)

** Das gesamte Werk von Eliphas Lévi ist im Aurnia Verlag erhältlich (Anm. des Hrsg.)

Ihre Energie auf die Aufgabe, sich dieses Buch zu beschaffen. Wenn Sie es haben, bedenken Sie, dass es sich nicht um ein Buch handelt, das man in einem Rutsch durchlesen kann, denn es ist keine »leichte« Lektüre. Es ist weit mehr darin zu finden als es den Anschein hat, egal ob man es zum ersten oder auch zum einundzwanzigsten Mal liest. Wenn ich es nach langjähriger Arbeit auf diesem Gebiet wieder lese, erschließen sich mir immer noch neue Wege des Denkens.

Bevor Sie jedoch Dion Fortunes Buch über den Baum des Lebens zu studieren beginnen, möchte ich Ihnen eine einfache Vorstellung davon vermitteln, worum es geht. Bedenken Sie, dass hinter dem Baum des Lebens eine umfassende philosophische und theosophische Lehre steht: die Kabbala.

Der Name bedeutet »vom Mund zum Ohr«, das heißt, es war eine Lehre, die früher nur mündlich vom Lehrer an den Schüler weitergegeben wurde. Erst im zwölften Jahrhundert wurde ein Teil davon niedergeschrieben, jedoch ohne klare Angaben. Die westliche Tradition gleicht einem Fluss, in den viele Quellen einmünden, was eine große Bereicherung bedeutet. Sie ähnelt darin der christlichen Kirche, hinsichtlich derer der Heilige Augustinus diesen Vergleich angestellt hat.

Obwohl die westliche Tradition aus vielen Quellen gespeist wurde, bildet jedoch das mächtige Symbol des Lebensbaums, dessen Blätter eine heilende Wirkung besitzen, sowohl im mikrokosmischen wie auch im makrokosmischen Bereich, den Mittelpunkt ihrer Lehren.

Eigentlich ist der Baum des Lebens ein wunderbares Karteisystem und ich möchte, dass Sie ihn anfangs als solches benutzen. Später werden Sie sehen, dass es für ihn noch viele andere Verwendungsmöglichkeiten gibt, doch bei Ihren ersten Übungen müssen Sie ihn in seiner elementarsten Form benutzen. Sie müssen ihn sich auf eine Weise geistig verinnerlichen, dass er zu einer Art »Bezugssystem« wird. Für all die mannigfachen Details des Lebens kann man einen Platz auf dem Baum finden, und gemäß der erwähnten Definition können Sie sich mit allen Gegebenheiten Ihres inneren Lebens sowie mit denen der äußeren Welt mit Hilfe dieses Symbols auseinandersetzen. Im Rahmen dieser Ausbildung werden Sie lernen, all die Faktoren des Lebens, die zu beachten ich Sie bitte, »auf den Baum zu legen«. Es ist ein Prozess des Aussortierens und Klassifizierens aller Geschehnisse des Lebens, wodurch sich ein bestimmtes Muster herausbildet.

Das Unterbewusstsein neigt stark dazu, alles nach bestimmten Mustern zu ordnen, doch seine eigene Mythologie stimmt häufig nur wenig mit den Realitäten des Lebens überein. Man muss ihm deshalb ein Fundament geben, auf das es bauen kann, so wie man den Bienen in einem Bienenstock »Grundplatten« aus Wachs zur Verfügung stellt, auf denen sie ihre Honigwaben in geordneter Weise errichten können. Überlässt man sie sich selbst, arbeiten sie nicht so ordentlich. Genauso ist es mit Ihrem Geist. Wollen wir ihn auf beste Weise ausbilden, brauchen wir für unsere Arbeit ein Muster als Vorlage.

Wenn Sie eine grafische Darstellung des Lebensbaums betrachten, dann sehen Sie, dass zehn Kreise durch zweiundzwanzig Linien nach einem bestimmten Muster miteinander verbunden sind und die Kreise und Linien symbolisieren die zweiunddreißig Pfade der Zeitlosen Weisheit. Die Kreise werden Sefiroth (Plural von Sefirah) genannt und stellen

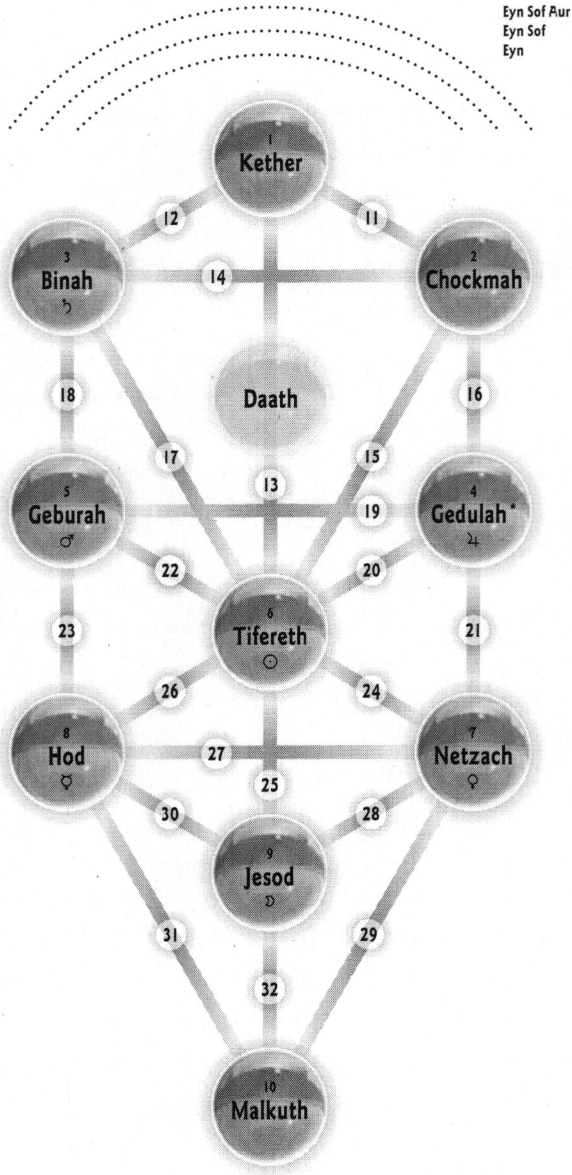

Der Baum des Lebens und die 32 Pfade

aus »Die mystische Kabbala« von Dion Fortune, Aurinia Verlag 2010

(* Diese Sefirah wird auch als »Chesed« bezeichnet, Anm. d. Hrsg.)

die Mächte und Kräfte des Universums sowie die Punkte, an denen Ihr individuelles Bewusstsein mit diesen Kräften in Verbindung tritt, dar. Die Linien dazwischen, »Pfade« genannt, stellen die subjektive innere Bewusstseinswelt dar, die Ihnen und dem Planeten, auf dem Sie leben, gemeinsam ist. Vielleicht wird Sie diese Vorstellung, dass die Erde etwas Lebendiges ist, erstaunen, denn wir haben uns so sehr daran gewöhnt, sie als einen toten, um die Sonne kreisenden Mineralklumpen zu betrachten, dass wir die Vorstellung, Planeten seien von Leben erfüllt, ins Reich des Aberglaubens verwiesen haben. Der esoterischen Lehre zufolge gibt es jedoch im gesamten Universum nichts »Totes«, in allem ist Leben, vom kleinsten Atom bis zum größten Stern. Nirgends ist Leben abwesend; es füllt auch die Leere zwischen den Atomen. Nach unserer Lehre ist alles Manifestierte eine Ausdrucksform des Einen Lebens. Hier sind wir anderer Ansicht als jene, die »Schöpfung« als das Schaffen von etwas betrachten, das abweicht von dem, was es eigentlich ist. Für uns ist alles Erschaffene eine von den Schleiern von Zeit und Raum umhüllte Manifestation des Ewigen Lebens.

Wenn wir ein aus dem Osten stammendes Gebet benutzen, in dem wir Gott bitten, uns »vom Unwirklichen zum Wirklichen« zu führen, dann sind wir nicht der Meinung, eine Ebene sei weniger vom universellen Leben erfüllt als eine andere; nur unsere begrenzte Wahrnehmungsfähigkeit hindert uns daran zu sehen, dass alles eine »Theophanie« ist, eine Manifestation der Pleroma, der göttlichen Fülle. Ein Ziel der esoterischen Ausbildung ist es, uns so weit zu bringen, dass wir dies selbst erkennen, indem wir jene Art von Bewusstsein entwickeln, die man »kosmisches Bewusstsein« nennt. Bedenken Sie jedoch, dass auch andere Schulen bestrebt sind, diese Art von Bewusstsein bei ihren Schülern zu entwickeln; vermeiden Sie es deshalb, überheblich über sie zu urteilen. Ihre Aufgabe ist es, Ihre eigene Fähigkeit zu entwickeln und diese Lehren in die Praxis umzusetzen.

Fertigen Sie als Erstes eine Kartei mit zehn Karten an. Schreiben Sie auf jede Karte die Bezeichnung einer Sefirah des Baumes und darunter, in einem Wort zusammengefasst, deren Bedeutung.* Dann, und das ist sehr wichtig, füllen Sie den restlichen Teil der Karte mit einem Kreis in der Farbe aus, die der betreffenden Sefirah zugeordnet ist. Wenn Sie zehn Karten in dieser Weise angefertigt haben, können Sie mit der Arbeit beginnen und dies machen Sie wie folgt. Wählen Sie eine Sefirah aus und versuchen Sie, in Ihrer Umwelt und in Ihren Lebensumständen die Auswirkungen des durch diese Sefirah ausgedrückten Prinzips zu entdecken.

Lassen Sie mich Ihnen ein Beispiel geben. Nehmen wir dazu die Sefirah Geburah, eine der Stationen des Baumes, die sich dafür gut eignet. Wenn Sie die Tabelle zu Rate ziehen, werden Sie sehen, dass Geburah im Allgemeinen der »Furcht« zugeordnet ist und als besondere Eigenschaft die Zerstörung. Nun gibt es viele Schüler des Okkulten, die diesem Prinzip der Zerstörung aus dem Weg zu gehen versuchen. Sie betrachten Zerstörung als etwas Böses. Manche gehen sogar soweit, dass sie alle Zerstörung als schlecht und alles Konstruktive als gut ansehen. Doch diese Lebensanschauung ist infantil und entspricht nicht den Tatsachen.

---

* Wie erwähnt, finden Sie diese Informationen in dem Buch »Die mystische Kabbala« von Dion Fortune (Anm. d. Hrsg.).

Denken Sie daran, dass die Sefiroth auf den seitlichen Säulen des Baumes in ausgewogenen Paaren angeordnet sind und dass sich gegenüber von Geburah Gedulah befindet, die konstruktive Eigenschaften besitzt. Vergessen Sie nicht, dass eine der Hauptthesen der Magie lautet: »Ausgewogenheit ist die Grundlage des Großen Werks.« Tennyson hat dies treffend mit den Worten ausgedrückt, die er dem sterbenden Arthur in den Mund legte:

> Die alte Ordnung wandelt sich, macht einer neuen Platz,
> Und Gott verwirklicht sich auf mannigfache Weise,
> Auf dass nicht eine gute Sitte die Welt verderbe.

Zu starke Konzentration einer Eigenschaft oder ihr zu langes Vorherrschen ist von Übel, denn es handelt sich um eine unausgewogene Kraft: um einen der »Könige von Edom«, wie die Kabbalisten sagen. Wenn eine Kraft auf diese unausgeglichene Weise wirkt, dann ordnen wir sie dem klippotischen Bereich zu.** Jede Station des Baumes hat ihr Gegenstück, und Ihre Arbeit besteht darin, die Kräfte in Ihrem eigenen kleinen Mikrokosmos, Ihrer subjektiven inneren Welt, ins Gleichgewicht zu bringen. Wenn Ihnen dies gelingt, dann bringen Sie sich in Übereinstimmung mit den entsprechenden Kräften des Universums.

Betrachten wir nun die Wirkungen der von uns gewählten Sefirah. Wir gehen die Straße entlang und sehen, dass man

---

** Unter Klippot versteht die jüdische Mystik nach Isaak Luria die Scherben der inneren sechs Sefiroth-Gefäße, die dem Durchströmen des unendlichen Lichtes von En Sof nicht standhalten konnten und deshalb zerbrachen (Schwirat ha-Kelim). Sie blieben jedoch in der Welt erhalten und bildeten die Grundlage des Bösen. (Anm. des Hrsg.)

mit dem Abriss einiger alter, baufälliger Häuser, die schon seit langem ein Schandfleck sind, begonnen hat. Arbeiter sind mit Hacke, Schaufel und Bulldozer am Werk und bald wird an dieser Stelle nur noch ein leeres Grundstück zu sehen sein. Wir haben jedoch gehört, dass unsere Stadt darauf eine neue Schule bauen lassen will, eine Einrichtung, die sich für das ganze Stadtviertel als sehr positiv erweisen wird. Dies ist ein gutes Beispiel für die Wirkungsweise von Geburah.

Und als wir weitergehen sehen wir, dass ein unbewohntes Haus, das sich in recht gutem Zustand befand, von verantwortungslosen Leuten, Kindern wie Erwachsenen, verwüstet wurde; Fenster wurden eingeschlagen, Türen und Holzverkleidungen herausgerissen. Dies ist ein Beispiel für sinnlose Zerstörung, für klippotische Aktivität, die, natürlich, böse ist. Die Wirkungsweise dieser Sefirah und ihre unausgewogene Äußerung zeigt sich nicht nur in solchen drastischen Beispielen, sondern kann in allen Lebensbereichen beobachtet werden. Sie ist auch in Ihrem eigenen Körper am Werk; in der Kindheit und Jugend sind die aufbauenden Kräfte stärker als die abbauenden, doch allmählich erlangen die Letzteren die Übermacht und der körperliche Abbauprozess beginnt. Sind die komplementären Kräfte ausgeglichen, so ist der Mensch »gesund«, und dieser Zustand ist nicht nur auf die rein physische Ebene beschränkt. Vollkommene Gesundheit bedeutet, dass auf allen Ebenen Ihres Wesens diese Ausgeglichenheit herrscht. Die »psychosomatischen« Behandlungsmethoden der modernen Medizin beruhen darauf, dass sich alle Bereiche Ihres Wesens wechselseitig beeinflussen.

Ihre Aufgabe besteht also darin, die Wirkungen der

Sefirah, mit der Sie arbeiten, im täglichen Leben wiederzufinden und zu beobachten, was geschieht, wenn sich ihre Qualität stärker oder schwächer manifestiert als dies für einen ausgeglichenen Zustand erforderlich ist. Natürlich ist in diesem Zusammenhang auch die »Intention« von Bedeutung, denn das Motiv, das zu einer bestimmten Handlung führt, entscheidet darüber, ob sie »gut« oder »böse« ist. Zu beachten sind auch die Auswirkungen auf die Umgebung. Loyalitätskonflikte erschweren hier eine Entscheidung, und es ist überaus wichtig, jene Tugend anzuwenden, die die höchste auf dem Pfad genannt wurde: die »Unterscheidungsfähigkeit«.

Wenn Sie sich bei Ihrer Meditationsarbeit mit einem der Sefiroth-Paare beschäftigen, müssen Sie auf die Wirkungen beider achten, um die Ausgewogenheit beurteilen zu können, doch bei den Stationen des Lebensbaums, die sich an der so genannten »Mittleren Säule« befinden, wird eine etwas andere Methode angewandt. Unausgewogenheit ist auch bei diesen Sefiroth möglich, genauso wie bei den anderen, denn sie besitzen keine komplementären Stationen, mit denen sie ausgeglichen werden können. Sie sind jedoch in gewissem Maß die Balancepunkte zwischen den paarweisen Sefiroth und stellen die Sphären dar, die Ihr Bewusstsein erfasst, wie Sie aus dem Baumdiagramm ersehen können.

Der Baum des Lebens muss von vier verschiedenen Ebenen aus betrachtet werden und dies ist für Ihre Ausbildung von größter Bedeutung. Sie dürfen sich jedoch nicht vorstellen, dass diese »Ebenen« oder »Welten«, wie die kabbalistische Bezeichnung lautet, räumlich übereinander liegen. Vielleicht lässt sich das anhand der Rundfunkwellen veranschaulichen. Man kann mit einem Rundfunkgerät Langwellen, Mittelwellen, Kurzwellen und Ultrakurzwellen* empfangen, doch obwohl man von hohen und niedrigen Wellen spricht, liegen diese nicht übereinander, sondern durchdringen sich gegenseitig und sind alle gleich wichtig. Ebenso ist es mit dem Baum in den vier Welten. Behalten Sie dies stets im Auge, denn es ist einer der wesentlichsten Punkte unseres Ausbildungssystems.

Diese vier Ebenen werden üblicherweise bezeichnet als:

Atziluth	Die Welt der Archetypen
Briah	Die schöpferische Welt
Jesirah	Die formbildende Welt
Assiah	Die materielle Welt

Bei der praktischen Meditation wird dieses System benutzt. Die besondere Qualität der von Ihnen ausgewählten Sefirah ist unter jedem dieser vier Aspekte zu betrachten. Wenn wir die Sefirah Geburah wieder als Beispiel nehmen, heißt dies, dass man ihre Wirkungsweise auf jeder dieser Manifestationsebenen studiert (Sie erkennen nun sicher, dass Ihnen das monatliche Thema für Ihre Meditationsübungen mehr Spielraum bietet als Sie anfangs dachten).

Eine der Grundideen des kabbalistischen Systems ist die des »Adam Kadmon«, des Himmlischen Menschen, worunter man die Gesamtheit aller sich im Universum manifestierenden Kräfte versteht. Die verschiedenen Stationen des Baums

---

* Ultrakurzwellen wurden erst einige Jahre vor dem ersten Erscheinen dieses Buches 1962 eingeführt – in dieser Übersetzung jedoch aufgenommen, weil es im Vergleich so gut passt (Anm. d. Hrsg.).

werden mit bestimmten Körperteilen des Himmlischen Menschen gleichgesetzt. Im Mittelalter nahm diese Gleichsetzung etwas naive Formen an, doch die Grundidee blieb erhalten. Als der große schwedische Seher Swedenborg seine »Erleuchtungen« erfuhr und die umfangreiche Lehre verfasste, die die Grundlage der »Neuen Kirche« darstellt, verkündete er merkwürdigerweise dieses uralte Konzept vom Himmlischen Menschen. Auch andere philosophische Systeme des Ostens teilen diese Lehre und in der modernen Psychologie ist das Symbol des Himmlischen Menschen sogar in den Tiefen unserer Psyche zu finden.

Es gibt eine okkulte Maxime, die Hermes Trismegistos zugeschrieben wird, obwohl sie aus einer viel späteren Zeit als jener stammen dürfte, in der diese etwas nebelhafte Gestalt gelebt haben soll. Sie lautet: »Wie oben, so unten.« Dieses Prinzip der Übereinstimmung zwischen dem Makrokosmos, dem großen Universum, und dem Mikrokosmos, der der Mensch ist, liegt allen okkulten Philosophien des Ostens und Westens zu Grunde.

So wie Sie sich selbst schulen müssen, die Verbindungen der verschiedenen Kräfte in der objektiven Welt um Sie herum zu sehen, so müssen Sie auch die Wirkungen von eben diesen Energien in sich selbst, in Ihrer eigenen subjektiven Welt, studieren.

In der äußeren Welt der Manifestation gibt es bestimmte Punkte, die als »Kanäle« betrachtet werden, durch die die ewigen Lebensenergien zum Ausdruck gelangen, und in der kabbalistischen Philosophie werden diese Punkte mit der Sonne und ihren Planeten gleichgesetzt. Wenn Sie sich weiter mit dem Baum des Lebens beschäftigen, werden Sie sehen, dass dies, ebenso wie die östliche Philosophie, ein sehr reales astrologisches System einschließt. Die Astrologie ist infolge des Missbrauchs, den man zu allen Zeiten mit ihr getrieben hat und noch treibt, in Verruf geraten, doch in Wirklichkeit stellt sie eine vortreffliche Philosophie dar, die allerdings mit den in der Presse erscheinenden »Sonnenzeichen-Prognosen« nicht das Geringste zu tun hat!

Innerhalb unserer Lehre befassen wir uns jedoch nicht nur mit den Sternen außerhalb von uns, sondern auch mit den »inneren Sternen«, die in uns existieren. Dieser Lehre zufolge, die auf den Erkenntnissen vieler Generationen von Forschern auf diesem Gebiet basiert, gibt es nicht nur an bestimmten Stellen des äußeren Universums Zentren der kosmischen Energie, sondern auch ähnliche Zentren derselben lebendigen Energie an einigen bestimmten Stellen unseres inneren Universums. Im Osten werden diese Zentren »Chakren« oder »Räder« genannt, die Hellseher als kleine, sich drehende Wirbel wahrnehmen können, die Feuerrädern gleichen. Diese Chakren werden in vielen Büchern beschrieben und man spricht von insgesamt sieben. Verschiedene Autoritäten geben andere Zentren an, aber in der Hauptsache sprechen sie von fünf bis sechs Zentren. In Indien lehrte man mich jedoch – und ich habe inzwischen selbst festgestellt, dass das zutrifft –, dass es viel mehr solcher Zentren gibt, im Allgemeinen sind die gewöhnlich erwähnten sieben Chakren bis zu einem gewissen Grad aktiv, doch es kommt vor, dass infolge einer besonderen Veranlagung oder durch Übungen eines der anderen Chakren aktiviert wird, während eines der sieben nicht richtig funktioniert.

In unserem System tragen diese Zentren die Namen der

Planeten, weshalb ich von »inneren Sternen« gesprochen habe. Wie Sie auf Ihrem Baumdiagramm sehen können, sind diese Himmelskörper den Sefiroth zugeordnet und wenn Sie mit dem Baum arbeiten, werden Sie feststellen, dass die verschiedenen Planetensymbole in Zusammenhang mit bestimmten Körperteilen und feinstofflichen Zentren stehen.

Die Chakren sind die Punkte, an denen Ihr subjektives Universum mit dem Sie umgebenden größeren Universum verbunden ist, und durch diese empfangen Sie nicht nur Sinneseindrücke von den inneren Ebenen, sondern sie stellen auch die Kanäle dar, durch die die Energien dieser Sphären in Sie einströmen, um in Ihnen ihre besondere Wirkung zu entfalten.

Nun etwas sehr Wichtiges, das Sie sich fest einprägen sollten: Die Kräfte, mit denen Sie arbeiten, sind kosmische Energien, die in allen Aspekten des erschaffenen Universums ständig wirksam sind. Die gleichen Kräfte sind auch in Ihrem subjektiven Universum wirksam, und die im Rahmen einer esoterischen Ausbildung durchgeführten Übungen dienen dazu, den Mikrokosmos für die gleichen kosmischen Energien durchlässig zu machen, damit Sie Ihr Inneres erfüllen können. Suchen Sie diese Energien nicht immer außerhalb von sich. Die äußeren Energien werden benutzt, um die inneren Kräfte anzuregen und zur Manifestation zu bringen – die Kraft liegt in Dir.

Bedenken Sie jedoch, dass die Hauptchakren eng mit den endokrinen Drüsen, diesen wunderbaren Chemikern des Körpers, verbunden sind und dass unkluge Konzentration auf die feinstofflichen Zentren des Körpers diese Drüsen aus dem Gleichgewicht bringen kann. Hüten Sie sich vor ungeregelten Experimenten und halten Sie sich an die Ihnen aufgetragenen Meditationsübungen. Später werde ich Sie auffordern, sich Experimente auszudenken, doch erst wenn Sie mit den ihnen zu Grunde liegenden Gesetzen vertraut sind.

Es gibt ein sehr wichtiges Prinzip, das ich Ihnen in diesem Stadium der Ausbildung erklären muss und das Sie stets beachten müssen. Obwohl die Energien und Kräfte, mit denen Sie arbeiten werden, aus den Tiefen Ihres subjektiven Selbst aufsteigen, sind es nicht Ihre eigenen Kräfte, sondern Aspekte des universalen kosmischen Lebens, die durch Sie zum Ausdruck gebracht werden. Zur Veranschaulichung folgende Analogie: Wenn Sie auf einen Lichtschalter drücken, lässt der elektrische Strom zum Beispiel eine Glühlampe aufleuchten. Sie haben aber den elektrischen Strom nicht erzeugt und er ist auch nicht Ihr persönliches Eigentum, Sie haben lediglich in Ihrem Haus einen Kanal für ihn geschaffen und Sie bezahlen für seine Benutzung. Ebenso stehen Ihnen die kosmischen Energien zur Verfügung, wenn Sie jedoch versuchen sollten, sie sozusagen »ohne Bezahlung anzuzapfen« oder sie zu missbrauchen, werden Sie Schwierigkeiten bekommen.

Sie werden fragen: »Was denn? Ich muss für diese universalen Energien bezahlen?« Die Antwort ist einfach: Sie müssen ein Opfer darbieten, indem Sie Ihr persönliches Selbst in den Dienst Gottes und der Menschheit stellen. Nur auf diese Weise können Sie die kosmische Energie gefahrlos verwenden. Nun setzen viele Menschen, vielleicht sogar die meisten, »Opfer« mit »Leiden« gleich und wenn man sie fragt, was sie unter einem Opfer verstehen, glauben sie etwas verlieren zu müssen. Doch dieses Prinzip, etwas opfern zu müssen, ist bei jeder Ausbildung, nicht nur bei der okkulten, sehr bedeutsam. Das Problem ist, dass viele, sogar die Mehrheit von uns, ihr Leben nach dem »Freude-Schmerz«-Prinzip leben. Das heißt, wir versuchen wie Kinder uns persönlich Angenehmes festzuhalten und Unangenehmes zu vermeiden, auch wenn das Unangenehme für uns von Vorteil sein könnte.

Bei der magischen Ausbildung müssen wir uns jedoch um eine reifere Einstellung bemühen und uns klarmachen, dass wirkliche Fortschritte nur möglich sind, wenn wir die Anhänglichkeit an das Angenehme aufgeben und bereit sind Opfer zu bringen. Natürlich können wir die Fähigkeit erlangen, uns mittels reiner Willenskraft mit kosmischen Energien aufzuladen, denn sie strömen in jeden Kanal, der sich ihnen öffnet. Doch bei einer undisziplinierten und nicht hinreichend entwickelten Persönlichkeit würden diese Energien nur die Unausgeglichenheit verstärken, und ebenso wie ein defekter Draht in einer Stromleitung einen Hausbrand verursachen kann, können sich diese Kräfte katastrophal auf die Persönlichkeit auswirken. Wer diesen Weg einer unausgewogenen Entwicklung einschlägt, reiht sich, wenn er die Gefahr nicht rechtzeitig erkennt, in die Schar jener ein, von denen es heißt: »Sie sind Söhne der Verdammnis, wandernde Sterne, Wogen des Meeres, gekrönt vom Schaum ihrer eigenen Schande, ewig auf der Flucht, immerdar der Finsternis verfallen.«

Wenn Sie jedoch aufrichtig und beständig Ihren Wunsch bekräftigen, Gott und der Menschheit zu dienen, und die Ihnen erteilten Anweisungen befolgen, haben Sie nichts zu befürchten. Sie werden aber geprüft, und die Prüfungen wird Ihnen das Leben selbst auferlegen. Vielleicht haben Sie höchst romantische Berichte über die Prüfungen gelesen, denen sich die Neophyten der Mysterienschulen unterziehen mussten, doch in Wirklichkeit sind die Prüfungen nicht so dramatisch, wenngleich nicht weniger wirkungsvoll.

Ich erinnere mich an eine Magieschule, deren Schüler in einer Gemeinschaft zusammenleben mussten und wo jeder Schüler ein kleines Stück Garten hatte, das er in den Zeiten, da der körperliche Teil der Ausbildung Vorrang vor dem geistigen hatte, bestellen musste. Einmal, als die Schüler beim Mittagessen saßen und durchs Fenster auf den Garten hinaus blickten, sahen sie zu ihrem Entsetzen, wie eins der Tiere, die in der Schule gehalten wurden, das Ergebnis wochenlanger Arbeit in wenigen Minuten zerstörte.

Die Schüler sollten auf diese Weise auf die »Probe« gestellt werden, ob sie imstande waren, dies ohne Ärger oder Bedauern hinzunehmen, denn man hatte sie gelehrt, dass es eine der höchsten Tugenden sei, hinsichtlich der Ergebnisse seiner Arbeit Gleichmut zu bewahren. Das hat seine Richtigkeit, wenn auch auf etwas andere Weise, und der Test bekam eine zwanghafte Note, doch wie mir Dion Fortune sagte, als sie von ihren Erlebnissen in dieser Schule erzählte, ging es bei dieser Prüfung eigentlich darum, ob man imstande war, eine gleichmütige Miene aufzusetzen. Angeblich war der Leiter der Schüler hellsichtig und konnte wahrnehmen, was in den Schülern vor sich ging, doch die positiven und negativen Urteile, die er über sie fällte, scheinen dies nicht zu bestätigen. All dies ist unnötig; das Leben stellt jeden auf die Probe, und Ihr inneres Selbst entscheidet, ob Sie die Prüfungen bestanden haben.

KAPITEL VII
DER BAUM ALS HINWEISZEICHEN

Ihrem Tagebuch entnehme ich, dass Sie mit Ihren Meditationsübungen und der Benutzung des Baumes als »Lage-Karte« gut vorankommen. Wenn Sie den Baum auf diese Weise benutzen, werden Sie feststellen, dass Sie mit bestimmten Sefiroth gut zurechtkommen und mit anderen wiederum nicht so leicht umgehen können. Den Letzteren sollten Sie besondere Aufmerksamkeit widmen, denn der Umstand, dass Sie Ihnen schwierig oder uninteressant erscheinen, ist ein sicheres Zeichen, dass die mit ihnen zusammenhängenden Eigenschaften in Ihrem eigenen Inneren nicht im Gleichgewicht sind. Vielleicht werden durch die Beschäftigung mit ihnen alte Verdrängungen und Hemmungen aufgedeckt, wogegen Ihr Unterbewusstsein sich zur Wehr setzt.

Abgesehen davon haben Sie jedoch gute Fortschritte gemacht, so dass wir uns den nächsten Übungen zuwenden können. Aber ein gewisses Maß an Vorsicht ist nötig, bevor wir diese machen können, in diesem Zusammenhang mache ich Sie zunächst mit den Prinzipien vertraut, auf denen die weitere Entwicklung aufbauen muss. Bei Ihrer Arbeit mit den Symbolen des Baumes haben Sie begonnen, bestimmte Geschehnisse in der äußeren Welt mit den Eigenschaften dieser verschiedenen Symbole zu verknüpfen, so dass diese nun mit geistiger und emotionaler Bedeutung »geladen« werden. Sie müssen sich klar darüber sein, bevor Sie mit dem nächsten Teil beginnen, dass Ihre Arbeit zur Zeit aus zwei verschiedenen Teilen besteht. Zuerst müssen Sie ein Fundament legen; von dessen Stärke und Exaktheit hängt die Sicherheit des Gebäudes ab, das Sie darauf errichten werden. Es ist wichtig, dass diese Fundamente »gut und ehrlich« gelegt werden.

Ihre Arbeit mit dem Baum ist ein sehr wichtiger Teil dieses Fundaments, und erst wenn es Ihnen zur Gewohnheit geworden ist, jedes Geschehnis automatisch in Zusammenhang mit dem Baum zu bringen, kann man sagen, dass Sie das Fundament für das Werk, das Sie vollbringen wollen, wirklich gelegt haben. Sie müssen deshalb die Grundarbeit mit dem Baum des Lebens fortsetzen, bevor Sie sich dem zweiten Teil der Aufgabe, der praktischen Anwendung Ihrer inneren Fähigkeiten und Ihrer inneren Kräfte, zuwenden können. Als Schüler müssen Sie lernen, so klar Ihre Vorstellung von den tieferen Dingen auch sein mag, dass Sie Ihre Fertigkeiten nur auf die übliche uralte und ehrenhafte Weise erwerben können: durch harte Arbeit!

Harte Arbeit bedeutet jedoch nicht stumpfsinnige Plackerei. Ich werde Ihnen auch niemals langweilige Übungen um ihrer selbst willen auferlegen. Sie müssen allerdings Ihre Bemühungen verdoppeln, um den Baum mit dem Leben zu erfüllen, wie wir es geübt haben, und ich werde Ihnen einige Ideen für die nächsten Schritte Ihrer Ausbildung geben.

Stellen Sie sich bitte vor, dass Sie vor dem Hauptschaltpult eines großen Elektrizitätswerks stehen. Vor Ihnen sind Reihen von Messinstrumenten, farbige Lämpchen und riesige Schalter. Als jemand, der keine Ahnung von Elektrizität hat, fragen Sie sich: »Was sollen alle diese Dinge bedeuten?« Da und dort sehen Sie auf einer Skala oder einem Instrument ein Wort wie »Volt«, »Überlastung« oder »Einspeisung«, doch ob diese Worte die Bedeutungen haben, die man normalerweise mit ihnen verbindet, können Sie als Laie nicht beurteilen.

Wenn Sie verstehen wollen, wie dieses Schaltpult funktioniert, müssen Sie sich mit den theoretischen Grundlagen der Elektrizität vertraut machen; das Gleiche gilt für die praktische Magie. Ebenso wie der Mann am Schaltpult einen Schalter öffnet oder schließt, wenn er sieht, dass sich eine Nadel auf einer Skala nach oben oder unten bewegt, müssen Sie bei der magischen Arbeit die Energie nach den Hinweisen, die Ihnen das von Ihnen aufgebaute mentale Schaltpult vermittelt, hierhin und dorthin leiten. Sie werden jedoch, und das ist der Punkt, bald erkennen, dass Sie alles »nur unvollkommen sehen, wie in einem Zerrspiegel« – das ist bei allen übersinnlichen Wahrnehmungen der Fall. Sowohl bei dem elektrischen als auch bei dem mentalen Schaltpult regulieren die Messinstrumente nicht die Energie, sondern zeigen nur ihr Vorhandensein und ihre Stärke an. Reguliert wird die Energie mit den Schaltern. Und dies funktioniert auch ähnlich mit dem mentalen Schaltpult.

Die magische Ausbildung hat den Zweck, Sie zuerst für die Eindrücke, die Sie ständig von den inneren Ebenen empfangen, aufnahmefähig zu machen und Ihnen dann die Fähigkeit zu vermitteln, die Kräfte, die durch diese Eindrücke angezeigt werden, in die richtigen Kanäle zu leiten. Ebenso wie die Messinstrumente auf dem Schaltpult die durch sie fließende elektrische Energie registrieren, zeigen ihre Entsprechungen, die Symbole des Baumes, die Ihnen zuströmenden kosmischen Energien an.

Um eine andere Metapher zu verwenden: Anhand dieser Symbole, in deren Gebrauch Sie geschult werden, erlernen Sie das Alphabet der Mysterien. Wenn Sie es beherrschen, können Sie in der Sprache der Mysterien sprechen und persönlich Kontakt mit der Tradition und jenen, die hinter ihr stehen, aufnehmen.

Der menschliche Geist ist, von gewissen Ausnahmen abgesehen, nicht in der Lage, abstrakte Dinge zu erfassen, und viele Misserfolge bestimmter okkulter Schulen beruhen darauf, dass sie ihren Schülern ein rein abstraktes Wissen vermitteln. Dies gleicht dem Versuch, ein hohes Gebäude ohne Hilfe eines Gerüsts zu errichten. Das Gerüst bleibt nicht Teil des Gebäudes, doch ohne seine Benutzung würde der Bau viel langsamer und schwieriger vorankommen. Es kommt eine Zeit, wenn Sie die »Grundausbildung« absolviert haben, in der Sie lernen werden, »im leeren Schrein zu meditieren«, das heißt, ohne Bilder zu arbeiten, und die Unterweisung in Symbolik, die Sie heute erhalten, befähigt Sie dann zu dieser bilderlosen Arbeit.

Begehen Sie jedoch nicht wie viele andere den Fehler, das Bild für die Realität zu halten, die es symbolisiert. Dies stellt bei der esoterischen Ausbildung immer eine Gefahr dar, vor der ich Sie ausdrücklich warne. Alle symbolischen Bilder mit ihrer Fülle an Details und Farben sind nur Hinweise auf die unsichtbaren Kräfte; sie sind lediglich Buchstaben eines Alphabets und haben, abgesehen von ihrem Symbolgehalt, keine Bedeutung.

Sehr nützlich ist an dem von uns verwendeten Symbolsystem, dass seine Wurzeln in dunkler, ferner Vergangenheit liegen und dass es seit undenklichen Zeiten für diese Art von

Arbeit benutzt wird. Das bedeutet, dass die Bilder sich im Lauf von Jahrhunderten durch die Meditationen der Anhänger unserer Tradition dem, was C. G. Jung das »kollektive Unbewusste« nennt, fest eingeprägt haben. Deshalb kommen Sie durch die Meditation über diese Symbole leichter in Kontakt mit den inneren Kräften als durch die Arbeit mit einem völlig neuen System. Es ist ein gut ausgetretener Weg und Sie brauchen sich nicht selbst einen zu bahnen.

Aus all diesen Gründen werden Sie im Symbolsystem des kabbalistischen Lebensbaums ausgebildet. Doch, wie ich Ihnen bereits sagte, begehen Sie nicht den Fehler, das Symbol mit dem gleichzusetzen, was es darstellt.

Wahrscheinlich werden Sie sich fragen, warum man nicht die übernatürlichen Fähigkeiten und die Wahrnehmung der inneren Ebenen genauso trainieren kann wie etwa das Medium seine Hellsichtigkeit entwickelt, die es ihm ermöglicht, die Wesen und Umstände in anderen Welten zu sehen. Hier gilt der gleiche Grundsatz: Einem Medium, das in die Astralwelt blickt, erscheint diese wie eine irdische Landschaft, weshalb es meist auch davon überzeugt ist, dass das tatsächlich die Natur dieser Ebene sei. Doch, wie ich schon in einem Buch schrieb, sind die Erscheinungsbilder dieser Sphären der inneren Ebenen, die wir im Allgemeinen wahrnehmen, »von Erschaffenen erschaffen«; sie entstehen durch die Einwirkung der »formgebenden Kräfte« des menschlichen Geistes auf die formbare Materie des Astrallichts.

Das wirkliche Erscheinungsbild dieser Welt ist ein völlig anderes und entspricht nicht irdischen Vorstellungen. In Wahrheit sehen wir das, was wir sehen, wenn wir in diese Welt blicken, wie in einem undeutlichen Spiegel. Doch dies trifft auch auf die Dinge zu, die wir hier auf Erden sehen; sie sind ebenfalls nur Spiegelbilder. Was sehen Sie, wenn Sie Ihren Tisch anschauen? Nicht den wirklichen Tisch, der, wie Ihnen ein Naturwissenschaftler sagen wird, eine unendlich komplizierte Struktur aus Kräften, Elektronen, Protonen und Neutronen ist, die sich in schneller Bewegung befinden und auf vorherbestimmten Bahnen herumwirbeln, sondern nur ein Scheinbild, das sich dem menschlichen Auge darbietet.

Sie werden sehen, dass das gleiche Prinzip auf allen Ebenen gilt, und dies ist ein sehr wichtiger Punkt, den Sie bei all Ihrer praktischen Arbeit nie vergessen dürfen. Denn sonst werden Sie ein Sklave der Bilder und nicht ihr Meister.

Eine sehr gute Konzentrationsübung besteht darin, zwei oder drei Baumsymbole aufzuschreiben und sich dann eine kurze Geschichte auszudenken, in der die Personen entsprechend den Symbolen handeln, die sie tragen. Das Symbol für die Sefirah Geburah ist zum Beispiel eine rote Scheibe, und das mit ihr zusammenhängende »magische Bild« die Gestalt eines Kriegers. Das Symbol für die Sefirah Netzach ist eine grüne Scheibe und ihr magisches Bild eine schöne Frau.

Lassen Sie nicht zu viele Personen in Ihrem kleinen Stück mitspielen, doch halten Sie sie ständig in Bewegung. Die mentalen Bilder müssen irgendwo an sich die farbige Scheibe der entsprechenden Sefirah tragen. Gestalten Sie dieses kleine Spiel so lebendig wie möglich und bemühen Sie sich, den emotionalen Ton jeder Figur richtig zu treffen. Diese Übung ist deshalb so gut, weil sie Ihnen hilft, die verschiedenen Symbole mit den Kräften, die sie repräsentieren, zu assoziieren. Wenn Sie später einige sehr wichtige Visualisierungsarbeiten durchführen, werden Sie feststellen, dass Sie durch diese Vorübungen ein gutes Fundament gelegt haben.

Wenn Sie bei dieser Übung eine gewisse Fertigkeit erlangt haben, werden Sie sehen, dass sie sich sozusagen auf Ihr äußeres Leben ausdehnt. Sie werden automatisch die Menschen und Umstände Ihrer Umgebung mit der entsprechenden Sefirah und ihrem emotionalen Gehalt assoziieren. Anfangs wird dies nur im begrenzten Maß geschehen; Sie werden gleichsam nur die Primärfarben wahrnehmen und nicht die dazwischen liegenden feineren Nuancen, doch durch weiteres Üben können Sie Ihre Fähigkeit, mit den Symbolen umzugehen, immer mehr verbessern.

Auf diese Weise lernen Sie, um wieder den Vergleich mit dem Schaltpult anzuwenden, die Messinstrumente abzulesen und zu verstehen, was sie anzeigen. Falls Ihnen unser anderer Vergleich besser gefällt: Sie lernen, die Buchstaben des Alphabets der Mysterien zusammenzusetzen und einfache Worte zu bilden. Ich habe diese zwei Vergleiche aus einem bestimmten Grund gewählt. Zum einen kann es sein, dass einer davon mehr Ihrer Denkweise entspricht, und dies würde Ihnen das Verständnis erleichtern. Bei der Analogie mit dem Schaltpult werden »formhafte« Begriffe verwendet, bei der mit dem Alphabet solche, die mit dem »Leben« und »Bewusstsein« zusammenhängen. Es versteht sich von selbst, dass ich Ihnen empfehle, zumindest gelegentlich auch mit der Analogie zu üben, die Ihnen weniger zusagt. Es wird dadurch ein Ausgleich geschaffen, und und warum tun wir das nicht gleich in den ersten Stadien Ihrer Ausbildung?

Um eine Fremdsprache einigermaßen fließend sprechen zu können, muss es einem zur Gewohnheit werden, in ihr zu denken. Mit anderen Worten: Es muss ein automatischer Prozess werden. Anfangs sucht man mühsam und bewusst nach dem Äquivalent eines fremdsprachigen Wortes in der eigenen Muttersprache, doch im Laufe der Zeit entwickelt sich die Fähigkeit, etwas, das in einer anderen Sprache gesagt wird, unmittelbar zu verstehen, ohne es bewusst übersetzen zu müssen. Man übersetzt es automatisch und hat begonnen, in der betreffenden Sprache zu denken.

Auf die gleiche Weise arbeitet der Geist, wenn Sie die Sprache der Mysterien erlernen. Zuerst muss man mühsam den Zusammenhang zwischen einem Symbol und dem ihm entsprechenden Geschehnis herstellen, doch durch ständiges Üben wird dies zu einem automatischen Vorgang und das Symbol fällt einem ein, ohne dass man sich bewusst darum bemühen muss. Vergessen Sie jedoch nicht, dass dies nur geschehen darf, wenn Sie es wollen; das Auftauchen der Symbole muss stets der Kontrolle durch den Willen unterworfen bleiben. Es ist sehr wichtig, dass Sie sich dies klarmachen und sich schon zu Beginn Ihrer Ausbildung danach richten. Wenn Sie diese Kontrolle über die Bilder nicht erlangen, werden Sie später große Probleme haben.

Ich glaube, das genügt für dieses Mal. Fahren Sie mit den Übungen fort und gestalten Sie sie mit Hilfe Ihrer Erfindungsgabe so interessant wie möglich. Machen Sie ein Spiel daraus oder denken Sie sich, wie ich sagte, kleine Szenen mit den magischen Bildern aus. Falls Sie gut zeichnen können, nutzen Sie Ihre Begabung für diesen Zweck, doch denken Sie immer daran, die Figuren mit den entsprechenden Emotionen zu verknüpfen.

In Zusammenhang mit dem künstlerischen Element fällt

mir noch ein kleiner Kniff ein, der Ihnen bei Ihren Visualisierungsübungen helfen könnte und der sich als sehr nützlich erweisen wird, wenn Sie zu einem späteren Zeitpunkt telepathische Experimente anstellen. Sie brauchen dazu eine kurze Röhre aus Pappe oder Metall, die Sie auf folgende Weise verwenden können.

Wenn Sie Ihr Bild gezeichnet oder die Stationen des Baumes, die Sie für Ihre Übung verwenden wollen, ausgewählt haben, legen Sie die Zeichnung auf den Tisch und betrachten Sie sie durch die Röhre. Sie werden feststellen, dass das Bild jetzt viel klarer ist, was natürlich daran liegt, dass Ihre Aufmerksamkeit stärker darauf konzentriert ist. Sie dürfen sich die Verwendung dieses Hilfsmittels jedoch nicht zur Gewohnheit machen, deshalb machen Sie einen Teil der Übungen immer ohne diese Röhre.

Ich denke, Sie sind jetzt für ziemlich lange Zeit mit Arbeit eingedeckt. Denken Sie daran: Diese Übungen dienen der Errichtung des Fundaments und sie müssen ohne Eile durchgeführt werden. Fahren Sie mit der Ihnen aufgetragenen Arbeit fort und schicken Sie mir, wie üblich, Ihr Tagebuch sowie eventuelle Fragen und Bemerkungen. Im Übrigen sollten Sie gut auf die Reaktionen Ihrer Frau und Ihrer Freunde im Hinblick auf Ihre Arbeit achten. Vielleicht wird ihnen nicht ganz klar sein, was Sie tun, doch mit Sicherheit werden sie bemerken, wie Sie sich verändern, und danach werden sie Sie beurteilen. Achten Sie darauf, wie Sie selbst auf die Menschen Ihrer Umgebung reagieren. Möglicherweise werden Sie feststellen, dass Sie zu Gereiztheit oder anderen emotionalen Störungen neigen. Sollte dies der Fall sein, so bedenken Sie, dass die Ursache für solches Verhalten meistens bei Ihnen zu suchen sein dürfte. Der Grund ist fast immer, dass Sie auf irgendeine Weise Ihre Arbeit nicht richtig getan haben. Bevor Sie anderen die Schuld zuschieben, sollten Sie anhand Ihrer Tagebucheintragungen Ihre Arbeit sorgfältig überprüfen. Wenn Sie Ihre Aufzeichnungen in aller Ruhe durchsehen, werden Sie erkennen, wo Sie einen Fehler begangen haben und wie Sie alles in Ordnung bringen können.

Die Natur sucht stets aus einem lebendigen Organismus alles auszustoßen, was einen Fremdkörper darstellt, und das Gruppenbewusstsein, dem Sie angehören, wird versuchen, mit Ihnen das Gleiche zu tun, wenn Sie sich so entwickeln, dass Sie der Masse der Sie umgebenden Menschen nicht mehr gleichen. Wir wollen Ihnen jedoch dazu verhelfen, ein integraler Teil des Gruppenbewusstseins Ihrer Gattung zu werden, indem Sie eine neue Lebenseinstellung entwickeln und diese durch Ihr Verhalten anderen vermitteln. Sie sollten deshalb in keiner Weise die Aufmerksamkeit anderer auf Ihr esoterisches Studium lenken; dieses Verlangen, Aufmerksamkeit zu erregen, müssen Sie völlig ablegen. Abgesehen von intelligenten Diskussionen über das Thema sollte lediglich Ihr Verhalten im täglichen Leben anderen ein Hinweis darauf sein, welcher Art Ihr Studium ist. Man sagt, dass Taten wichtiger sind als Worte, dies mag eine abgedroschene viktorianische Maxime sein, doch ist sie trotz allem immer noch wahr.

Bleiben Sie in Ihrem Gruppenbewusstsein; widersetzen Sie sich nicht offen! Überlassen Sie das Möchtegern-Reformern, die nicht dazu fähig sind, sich selbst zu reformieren, sich jedoch im Besitz eines unfehlbaren Mittels gegen alle Sünden und Leiden der Welt wähnen.

KAPITEL VIII
FANTASIE IST DER ESEL, DER DIE ARCHE TRÄGT

Ihrem Tagebuch entnehme ich, dass Sie bei Ihrer Arbeit mit dem Baum recht guten Erfolg hatten, und so kann ich Ihnen einige weitere Instruktionen erteilen. Diesmal werde ich Sie in der Kunst unterweisen, die Gedankenbilder, die Sie zu erschaffen gelernt haben, zu projizieren. Bevor ich damit beginne, möchte ich jedoch noch eine Warnung, die ich oft in meinen Anweisungen gegeben habe, wiederholen: Lassen Sie niemals zu, dass diese Gedankenbilder ins Bewusstsein aufsteigen, ohne dass Sie dies ausdrücklich wollen! Sie müssen die Bilder beherrschen und dürfen sich nicht von ihnen beherrschen lassen!

Besonders wichtig ist dies, wenn Sie mit der Projektion von Bildern beginnen. Übrigens dürfen Sie diesen Prozess nicht mit jenem verwechseln, den die Psychologen »Projektion« nennen und bei dem es sich um die unbewusste Übertragung von bestimmten Wertvorstellungen auf andere Menschen und Dingen handelt. So kommt es vor, dass der Lehrling der magischen Kunst dem Meister, der ihn ausbildet, eine merkwürdige Autorität verleiht, dass er ihn als einen sehr weisen, alten Mann betrachtet und sich auf seine Autorität stützt wie ein Kind auf die seines Vaters. Das ist nicht gesund, doch zu Beginn der magischen Ausbildung mehr oder weniger unvermeidlich. Denn natürlich weiß der Meister mehr über Magie, oder sollte mehr darüber wissen, als der am

Anfang seiner Ausbildung stehende Lehrling. Der Meister muss sich in seiner Arbeit jedoch immer wieder bemühen, diese psychische Projektion aufzulösen, und der Lehrling muss danach streben, vom Meister unabhängig zu werden, denn später muss er seine magische Arbeit ohne dessen ständige Unterstützung tun. Warum sollten wir nicht gleich von Anfang an darauf achten? Dies heißt natürlich nicht, dass es Ihnen gestattet ist, allerlei magische Experimente auf eigene Faust durchzuführen. Es könnte sein, dass Sie dadurch in die Lage des Zauberlehrlings in der alten Geschichte geraten und die Kräfte, die Sie beschworen haben, nicht beherrschen können.

Zu Beginn meiner magischen Ausbildung übertrug auch ich solche Wertvorstellungen auf meinen Lehrer; er hätte ein Gott sein müssen, um ihnen gerecht zu werden. Allmählich begriff ich, dass er, wie alle Lehrer, auch nur ein Mensch war, und im Lauf der Jahre nahm ich diese Projektion zurück und hörte auf, ihn mit dem archetypischen weisen, alten Mann zu identifizieren. Wenn Sie später in unsere Bruderschaft aufgenommen werden, sehen Sie, dass dort die gleiche Regel gilt. Die Brüder werden Ihnen mit aller Kraft helfen, wenn Sie wirklich Hilfe brauchen, doch ansonsten sind Sie völlig auf sich selbst angewiesen. Sie können jedoch nicht nur völlig unbewusst solche Wertvorstellungen projizieren, sondern auf die gleiche Weise auch klare Bilder.

Vor allem geschieht dies in Ihrem Traumleben. Hier werden Bilder auf unbewusste Weise in Ihr Bewusstsein projiziert. Sie haben über das, was in Ihren Träumen geschieht, keine Kontrolle, es sei denn, Sie können wie Peter Ibbetson in George du Mauriers Buch wahrträumen. Diese besondere

Fähigkeit des »Wahrträumens« werden Sie noch erlernen, doch im Moment möchte ich mich nur mit den normalen Traumbildern beschäftigen.

Solche Bilder werden durch Energien ausgelöst, die sich im Leben Ausdruck zu verschaffen suchen; mit ihnen werden verdrängte psychische Inhalte ausgeschieden, und zugleich weisen sie auf den Weg hin, der eingeschlagen werden soll. Als Quellen vieler solcher Träume können Faktoren aufgespürt werden, die mehr oder weniger leicht zugänglich sind, doch es ist erwiesen, dass es eine tiefere geistige Ebene gibt, auf der durch diese Traumbilder eine geistige Höherentwicklung bewirkt wird. Diese leitende Kraft kann man sich als den weisen, alten Mann vorstellen und man kann seinem äußeren Lehrer die auf ihn projizierte Autorität entziehen und sie auf dieses innere Leitbild übertragen.

Ich muss Sie jedoch auch davor warnen, dieser inneren Autorität absoluten Gehorsam zu leisten. Die Ermahnungen, die Ihnen dieser innere Lehrer erteilt, müssen Sie gegenüber Ihren äußeren Umständen abwägen, und diese Beurteilung müssen Sie bei vollem Bewusstsein vornehmen. Denn obgleich Weisheit in ihnen wohnt, wird, wie Browning sagt, »das verwirrende und verfälschende Netz aus Fleisch« die es durchdringenden Botschaften aus den tieferen Ebenen des Geistes entstellen.

Die geistigen Bilder, die Sie unbewusst in Ihren nächtlichen Träumen produzieren, können Sie auch in die scheinbar objektive Realität projizieren und diese Fähigkeit kann auf verschiedene Weise angewandt werden. Ich werde mein Bestes tun, um Ihnen diese Methode zu schildern; wie beim Radfahren müssen Sie aber das Wesentliche durch Probieren erlernen und so lange üben, bis Sie die Fähigkeit erlangt haben. Dies bedeutet, dass ich Ihnen nicht erzählen kann, wie lange es dauern wird, bis Sie die Bilder in dieser Weise projizieren können; es liegt allein an Ihnen.

Diese Fähigkeit, visionäre Bilder zu erschaffen, scheinen wir in der heutigen Zeit verloren zu haben; zumindest ihren positiven Aspekt. Die unbewusste mentale Projektion von Bildern und Wertvorstellungen ist in »okkulten« und parapsychologischen Gruppen sehr verbreitet, doch die positive Projektion wird nur selten gelehrt. In früheren Zeiten war die bewusste Anwendung der Visualisierungsfähigkeit etwas ganz Normales.

Es gibt sie heute vor allem bei Künstlern, doch ich habe oft den Eindruck, dass moderne Kunst mehr über den inneren Zustand des Künstlers verrät als über das von ihm dargestellte Thema. Aber vielleicht bin ich in dieser Hinsicht voreingenommen.

Ich lernte einmal ein kleines Mädchen kennen, das ausgezeichnet silhouettenartige Bilder zeichnen konnte. Sie waren wunderbar klar und präzise, und für ein sechs oder sieben Jahre altes Kind war dies eine ungewöhnliche Leistung. Als ich sie fragte, wie sie so genaue Konturen zeichnen könne, sagte sie: »Das ist ganz einfach. Ich denke, und dann ziehe ich um das Gedachte eine Linie herum.« Offenbar war ihr diese Gabe der visuellen Projektion angeboren und sie hatte keine Ahnung, dass nicht jeder sie besaß.

Ich bin jedoch davon überzeugt, dass auch Sie diese Fähigkeit entwickeln können, wenn Sie die nachstehenden Anweisungen befolgen. Wenn Sie mich fragen, wie lange es dauern wird, bis diese Übung Erfolg bringt, kann ich nur wiederholen, was ich schon so oft gesagt habe: Das hängt ganz allein von Ihnen ab.

Die Übung besteht aus zwei Teilen. Der erste ist die deutliche Erschaffung des mentalen Bildes, welches Sie zu projizieren beabsichtigen. Dies ist der schwerste Teil, der zu tun ist. Bis man den Dreh raus hat, wie man »die Bilder aus dem Kopf bekommt«, genau so, wie man sie sieht, ist der zweite und komplizierteste Teil, der zu erlernen ist. Bevor man nicht imstande ist, deutliche mentale Bilder zu erschaffen, ist die Mühe, die Fähigkeit ihrer Projizierung erwerben zu wollen, vergeudet. Dies ist eine Zwei-Wege-Übung und nun müssen Sie die »Verlagerung nach außen« erlernen; und das wird viel harte Arbeit von Ihnen verlangen, bis Sie es gemeistert haben. Beides stellt jedoch die Grundlage für einen großen Teil des Folgenden dar, und je mehr Fertigkeit Sie darin erlangen, um so leichter wird Ihnen die fortgeschrittenere Arbeit gelingen. Ich weiß, dass es Menschen gibt, die einige der inneren Kräfte ohne eine solche Ausbildung entwickeln, doch wenn sie sie nicht auf diese Weise üben, sind ihre Fähigkeiten nicht ständig verfügbar und sie können sie nicht richtig einsetzen.

Nun zum ersten Teil der Übung: der Erschaffung des mentalen Bildes. Sie brauchen dazu ein Bild oder Symbol. (Jedes Bild eignet sich dafür, Ihr gesunder Menschenverstand wird Sie bei der Auswahl lenken, doch sollten Sie natürlich keins benutzen, das Ihre Gedanken zu stark vom Hauptziel der Arbeit ablenkt.)

Am besten wählen Sie ein Bild mit vielen Details. Einfache geometrische Formen sollten erst bei der späteren Arbeit verwendet werden. Der Geist sträubt sich, wenn man ihn zwingen will, sich nur mit einem oder zwei Punkten zu beschäftigen, und dies erschwert die Arbeit. Ein Bild mit mehr Details gibt ihm die Möglichkeit, in begrenztem Maß zu wandern.

Legen Sie das Bild so auf den Tisch, dass Sie es ohne Anstrengung betrachten können, wenn Sie davor sitzen. Der übrige Tisch sollte leer sein. Wenn Sie wollen, können Sie die bereits erwähnte Pappröhre benutzen, um andere visuelle Eindrücke abzuschirmen. Blicken Sie jetzt ruhig auf das Bild. Ohne jede Anspannung, schauen Sie es auf ganz normale Weise an. Wenn Sie es eine Minute lang so betrachtet haben, beginnen Sie es zu analysieren; sehen Sie sich die Bauteile an und isolieren Sie eines vom anderen, bis ins kleinste Detail.

Am besten ist es, wenn Sie das Bild beschreiben und zu Beginn der Arbeit sollten Sie dies mit hörbarer Stimme tun, doch Sie können natürlich auch in ganz leisem Ton sprechen!

Vielleicht hilft es Ihnen, wenn ich durch ein Beispiel veranschauliche, wie Sie dabei vorgehen sollen. Nehmen wir an, Sie haben ein Bild gewählt, das eine einfache Landschaft zeigt, etwa ein kleines Haus an einem Waldrand, neben der offenen Tür des Hauses sitzt ein Mann mit einem Hund. Wenn Sie es ungefähr eine Minute lang ruhig betrachtet haben, beginnen Sie es auf folgende Weise zu beschreiben:

»Im Hintergrund ist ein kleiner Wald zu sehen, der hauptsächlich aus Buchen besteht, doch da und dort hat der Künstler auch ein paar kleine Eichen gemalt. Es scheint Herbst zu sein, denn die Blätter der Buchen leuchten in einem sehr schönen Braun ... die ganze Szene ist in mildes Sonnenlicht getaucht. Der Buchenwald scheint auf einem Hang zu wachsen, an dessen Fuß ein kleines Haus steht, und schräg daneben befindet sich ein kleiner Garten.

Das Haus hat weiße Wände, ein Strohdach und kleine Fenster, die alle offen stehen. Der Mann sieht alt aus, bärtig, scheint in Gedanken versunken, tief in einen altmodischen hölzernen Lehnstuhl, wie sie früher oft in solchen Häusern zu finden waren, verkrochen.

Der Hund neben ihm ist ein schwarz-weißer Collie und die Hand des Mannes liegt auf seinem Nacken. Durch die offene Tür kann man undeutlich Möbelstücke sehen und aus dem Schornstein des Hauses steigt eine Rauchwolke in den klaren Himmel.«

Wie Sie sehen, habe ich nicht nur das Bild beschrieben, sondern ich bin auch auf die »Atmosphäre« eingegangen, die der Maler auszudrücken versuchte. Je mehr Sie das tun, um so mehr werden Sie von der Übung profitieren. Außerdem hilft Ihnen diese Übung, Ihre Beobachtungsgabe zu entwickeln.

Jetzt kommen wir zum nächsten Teil. Nachdem Sie das Bild analysiert haben, müssen Sie es nun »vor Ihrem geistigen Auge erschaffen« und hier ergibt sich wieder das Problem, dass ich Ihnen diese Fähigkeit nicht vermitteln kann, sondern dass Sie sie selbst entwickeln müssen.

Normalerweise denkt man über das Sehvermögen nicht nach; es genügt einem, dass man sehen kann. Doch der Prozess des Sehens ist eine sehr interessante Sache, mit der es sich zu beschäftigen lohnt. Die von dem betrachteten Objekt reflektierten Lichtstrahlen treffen zunächst auf das Auge, werden durch Linsen fokussiert und fallen dann auf die empfindliche Netzhaut, der so genannten »Retina« im hinteren Teil des Auges. Dort wird das Bild in Nervenimpulse verwandelt, die durch die Sehnerven zum Sehzentrum im hinteren Teil des Gehirns wandern. Dort werden sie empfangen und auf eine Weise, über die uns nur sehr wenig bekannt ist, vom Geist interpretiert. Dies ist ein völlig unbewusster Prozess.

Sie müssen nun, sozusagen bewusst, die ankommenden Bilder zu diesem Empfangszentrum begleiten. Dies ist der erste Teil der Arbeit; der zweite besteht darin, den Vorgang umzukehren und die Bilder zurück zum Auge zu begleiten. Dies mag sich merkwürdig anhören, doch es ist eine Technik, die in der Praxis funktioniert.

Betrachten Sie das gewählte Bild ganz ruhig und ohne Anstrengung, nachdem Sie es wie beschrieben analysiert haben, und dann richten Sie Ihre Aufmerksamkeit nach innen; schließen Sie die Augen, gehen Sie zurück in das Dunkel im Innern Ihres Kopfes und nehmen Sie das Bild mit, bis Sie in Ihrer Fantasie das Empfangszentrum erreicht haben. Es erscheint merkwürdig, doch es ist eine funktionierende Methode, um das Sehvermögen zu trainieren. Es wird Ihnen helfen, wenn Sie diesen Rückzug ins Innere des Kopfes mit einem tiefen Einatmen verbinden.

Gehen Sie, während Sie ausatmen, wieder zur Vorderseite des Kopfes, öffnen Sie die Augen und blicken Sie wieder auf das Bild. Wiederholen Sie dies etwa ein halbes Dutzend Mal und nehmen Sie jedes Mal einen anderen Teil des Bildes mit. Das heißt: Betrachten Sie das Bild und wählen Sie einen Teil aus, sagen wir zuerst die offene Tür und den daneben sitzenden Mann und beim nächsten Versuch die Hütte mit dem Wald im Hintergrund. Dann vielleicht den Wald selbst und so weiter. Im meinem Buch »Das Praxisbuch der Hohen Magie« sage ich: »Lerne es, die eine Form der Wahrnehmung in die andere übergehen zu lassen.« Dieses Überwechseln vom optischen Sehen zum mentalen Wahrnehmen müssen

Sie üben, bis Sie es leicht beherrschen. Im dortigen Kapitel »Visualisierung und Audition« habe ich mich ausführlich mit diesem Vorgang beschäftigt, und so dürften Sie bereits eine Ahnung davon haben.

Der zweite Teil der Übung ist interessanter, doch bevor Sie nicht (in gewissem Maß zumindest) den ersten Teil beherrschen, werden Sie beim Projizieren der Bilder nur mäßige und unzulängliche Ergebnisse erzielen. Es kann natürlich sein, dass Sie die gleiche angeborene Fähigkeit besitzen wie das erwähnte kleine Mädchen, doch dies kommt nur sehr selten vor.

Sie müssen jetzt die mentalen Bilder im hinteren Teil Ihres Kopfes entstehen lassen, sie nach vorn zu den Augen bringen, sie schließlich aus dem Kopf hinauswerfen und sie nicht mehr als subjektive, sondern eindeutig objektive Bilder sehen. Dazu brauchen Sie eine glatte Fläche, auf welche die Bilder projiziert werden. Ich habe dazu einen Teller mit glatt gestrichenem feinem Sand, eine Kristallkugel und einen schwarzen Spiegel benutzt. Ich finde die verzerrten Bilder in einem Kristall ziemlich verwirrend und das Gleiche gilt in gewissem Maß auch für einen konkaven schwarzen Spiegel. Doch gibt es hier die verschiedensten Möglichkeiten; probieren Sie sie aus und benutzen Sie die Methode, die Ihnen die besten Ergebnisse bringt.

Gemäß der magischen Tradition sollten Sie Ihre magischen Hilfsmittel selbst anfertigen und hier bietet sich eine Gelegenheit dafür. Kristalle kann man kaufen, und es übersteigt natürlich die Fähigkeiten eines durchschnittlichen Menschen, sie herzustellen, doch der Spiegel kann leicht angefertigt werden; ebenso kann man sich leicht einen Teller und Sand beschaffen. Im letzten Fall bietet sich die Möglichkeit, die Farbsymbole des Baums zu benutzen, indem man farbigen Puder verwendet.

Zur Anfertigung eines konkaven Spiegels besorgen Sie sich ein konkaves »Uhrenglas«, wie es in chemischen Laboratorien und bei der Herstellung von Uhren verwendet wird. Die Größe ist unwichtig, doch um in diesem Stadium jede Selbsthypnose zu vermeiden, sollte es einen Durchmesser von sieben bis zehn Zentimetern haben. Bemalen Sie die konvexe Oberfläche mit schwarzer Farbe oder Lack, und Sie haben Ihren »magischen Spiegel«.

Über eines sollten Sie sich unbedingt im Klaren sein: Ich empfehle keineswegs, diesen Spiegel zu benutzen, um sich im »Kristall-Sehen« zu versuchen. Damit meine ich ein passives Starren auf den Spiegel, in der Hoffnung hellseherische Bilder darin zu erblicken. Es geht hier um die Ausbildung Ihres Visualisierungsvermögens, nicht um die Entwicklung medialer Fähigkeiten. Ich möchte deshalb, dass darüber völlige Klarheit herrscht, weil Sie möglicherweise latente mediale Fähigkeiten besitzen, die auf diese Weise an die Oberfläche gelangen könnten, denn Sie sollen nicht auf einen Weg gelangen, den Sie später wieder zurückgehen müssten. Diese sorgsam kontrollierte Medialität, die innerhalb magischer Logen entwickelt wird, wird Sie befähigen, alle medialen Kräfte, die Sie besitzen, auf positive Weise zu benutzen. Lassen Sie sich also nicht von schnellen Resultaten verlocken, diese sind selten zufriedenstellend.

Wenn Sie sich Ihren »Spiegel«, wie er genannt wird, beschafft oder angefertigt haben, sind Sie für den zweiten Teil der Übung bereit: die Projektion der Bilder.

Platzieren Sie den Spiegel so, dass Sie eine bequeme, entspannte Sitzhaltung einnehmen können, wenn Sie darauf blicken. Diese Übung muss ohne jede Anstrengung, vor allem für die Augen, durchgeführt werden. Dies ist sehr wichtig, denn Anspannung könnte Sie in einen selbsthypnotischen Zustand versetzen, der in diesem Zusammenhang unerwünscht ist. Ich habe festgestellt, dass ich die besten Resultate erziele, wenn ich den Spiegel wie ein Buch, das ich lese, vor mich hinlege. Manche legen ihn auf den Schoß, doch in diesem Fall können die durch die Atmung hervorgerufenen Körperbewegungen die Aufmerksamkeit ablenken.

Wenn Sie den Spiegel richtig hingelegt haben, müssen Sie auf Ihr Bild blicken; ziehen Sie das Bild in sich hinein, wie Sie es gelernt haben, und kehren Sie dann den Prozess um. Verlegen Sie es im Geist nach vorn zu den Augen und projizieren Sie es auf die Oberfläche des Spiegels. Es ist schwierig, dieses »Projizieren« zu beschreiben; es ist ein geistiger Trick, den man nach etwa einigen Dutzend Versuchen plötzlich beherrscht. Ich kann nur sagen: Bringen Sie das Bild auf die Weise, die ich Ihnen geschildert habe, nach vorn und blicken Sie dann ruhig und erwartungsvoll auf die Oberfläche des Spiegels. Strengen Sie in keiner Weise die Augen an. Wenn Sie das Verlangen haben zu zwinkern, dann tun Sie es; Sie dürfen nicht im Mindesten angespannt sein.

Es kann sein, dass Sie dies lange üben müssen, bevor Ihnen die Projektion gelingt und dann werden Sie plötzlich auf der dunklen Oberfläche des Spiegels einen Teil des Bildes sehen. Einen Teil deshalb, weil wir immer dazu neigen, unsere geistige Kraft zu konzentrieren und wie den Strahl einer Taschenlampe über das Objekt wandern zu lassen, das wir mit unserem Blick erfassen möchten. Doch je dicker der mentale Strahl ist, um so mehr von dem Bild können wir auf den Spiegel projizieren.

Wenn Sie feststellen, dass Sie bei diesen Projektionsübungen einigen Erfolg haben, können Sie damit beginnen, verschiedene Objekte als Ausgangspunkte zu benutzen, und diese dreidimensionalen Projektionen werden Sie in der Kunst der »plastischen« Visualisierung schulen. Dies ist, wie Sie aus meinen früheren Anweisungen wissen, eine ausgezeichnete Übung für die Erschaffung von Gedankenformen in einem späteren Stadium.

Ich denke, damit haben Sie für eine Weile genug zu tun. Führen Sie die Übungen sorgfältig durch und tragen Sie die Ergebnisse in Ihr Tagebuch ein. Am besten wäre es, erst kurz das Ergebnis niederzuschreiben und dann einen ausführlichen Bericht in ein für diesen Zweck angelegtes Übungsbuch zu schreiben. Notieren Sie darin auch die Umstände, unter denen das Experiment durchgeführt wurde: die atmosphärischen Bedingungen, störende Faktoren wie Lärm oder dergleichen und die Art und Weise, wie sich das Bild im Spiegel zeigte. Dies wird mir eine große Hilfe sein und auch Ihnen Aufschluss darüber geben, was für das Gelingen der Übung wichtig ist.

KAPITEL IX
DIE VIELZAHL DER BERATER

Sie schreiben, dass es Ihnen gelungen ist, sich die Meditation zur Gewohnheit zu machen und dass Sie bereits imstande sind, recht gute mentale Bilder zu erschaffen. Außerdem haben Sie sich eine Ausgabe der »Mystischen Kabbala« beschafft.

Obwohl Sie also in Ihrer Ausbildung Fortschritte machen, sind von anderer Seite Schwierigkeiten aufgetaucht, die Sie in eine gewisse Verwirrung gestürzt haben. Wie Sie schreiben, hat Sie ein Freund, der sich sehr für Esoterik interessiert, davor gewarnt, sich – abgesehen von der Meditation – auf diesem Gebiet auf irgendeine Weise praktisch zu betätigen; was er Ihnen über die Gefahren der, wie er es nennt, »niederen Medialität« erzählt hat, hat Ihnen Angst eingejagt. Ein anderer Freund hingegen, ein begeisterter Spiritualist, hat die Vorzüge eines »Entwicklungszirkels« gepriesen, in dem man ohne mühsame Meditation und andere geistige Übungen seine angeborenen übernatürlichen Kräfte entwickeln könne, die einen in Kontakt mit den »wahren spirituellen Führern« brächten. Ein Ihnen bekannter Arzt hat Sie wiederum vor den Gefahren der »Trance« und der »Persönlichkeitsspaltung« gewarnt. Schließlich ermahnte Sie noch Ihr Gemeindepfarrer, dem man von Ihren Interessen erzählt hat, »sich nicht mit diesen gottlosen Dingen zu beschäftigen«.

Sie scheinen eine Menge Berater zu haben, doch ob Sie

sich auf diese verlassen können, sei dahingestellt. Vielleicht kennen Sie die Geschichte von dem Mann, der auf einem Esel reitet und die Ratschläge aller Leute, denen er begegnet, zu befolgen versucht. Als er schließlich in der Stadt ankommt, trägt er den Esel zur Erheiterung der Bewohner auf dem Rücken!

Doch Spaß beiseite – ich habe mit dieser Entwicklung der Situation gerechnet. Dies ergibt sich sehr häufig, wenn sich nach Beginn der Ausbildung noch kein überzeugender Erfolg eingestellt hat. Auch dies ist eine Prüfung Ihrer Fähigkeit, den Weg, den Sie gewählt haben, weiterzugehen, ohne sich durch die Ansichten anderer beeinflussen zu lassen. Ob Sie diese Prüfung bestehen, liegt bei Ihnen, doch da Sie mir, Ihrem Lehrer, Ihre Lage geschildert haben, will ich versuchen, Ihnen weiterzuhelfen.

Zuerst einmal weise ich darauf hin, dass all diese wohl gemeinten Ratschläge nicht ohne Wert sind, obwohl sie sich zum Teil zu widersprechen scheinen. Aus den Ansichten anderer kann man immer einen Gewinn ziehen, auch wenn man vermuten muss, dass diese auf falschen Informationen oder gar auf Intoleranz beruhen. Wir alle neigen zur Intoleranz; sie ist nicht auf Pfarrer beschränkt, auch Ärzte und Lehrer können auf ihre Ideen ebenso fixiert sein wie religiöse Würdenträger.

Ich werde mich mit jeder dieser Warnungen einzeln in der Reihenfolge beschäftigen, in der Sie sie in Ihrem Brief anführen. Zuerst zu dem, was Ihr Freund »niedere Medialität« nennt. Wie Sie bereits wissen, besitzt der Mensch zwei Nervensysteme, das willkürliche und das unwillkürliche. Das unwillkürliche System ist das ältere der Zwei und es steuert die automatisch ablaufenden Prozesse wie Atmung, Verdauung und zahlreiche andere Funktionen.

Das andere, das willkürliche oder cerebro-spinale System, das sich erst später entwickelt hat, ist Ihrem bewussten Willen unterworfen, doch sein Funktionieren hängt auch von dem älteren Nervensystem ab. Wenn Sie, zum Beispiel, den Arm heben, so ist das ein Willensakt, doch die gesamte komplizierte Aktivität der Nerven und Muskeln, die Regulierung des Blutkreislaufs, das Fließen der Energien durch die Nervenbahnen und die Bewegung der Muskeln durch diese Energien gemäß Ihrem Willen – all dies wird durch das unwillkürliche System bewirkt, das dem willkürlichen Bewusstsein untersteht.

Es gibt aber nicht nur das Bewusstsein (Wachbewusstsein), das sich durch das cerebro-spinale System zum Ausdruck bringt, sondern auch ein Bewusstsein, das durch die unwillkürlichen Nerven wirkt und das »Unterbewusstsein« genannt wird. Es ist das Produkt einer ungeheuer langen Evolution, die in ferner Vergangenheit begonnen hat, und in ihm sind noch Aspekte des primitiven Bewusstseins dieser Frühzeit erhalten. Es ist aber auch mit dem Teil unseres Gesamtbewussteins verbunden, der in die inneren Ebenen hineinreicht, und sämtliche parapsychischen Erfahrungen, ob »hoch« oder »niedrig«, werden dem Wachbewusstsein durch das Unterbewusstsein vermittelt. In einer früheren Lektion habe ich die Chakren erwähnt. Diese parapsychischen Zentren sind mit bestimmten Punkten des unwillkürlichen Nervensystems verbunden und können ihre Eindrücke über das Unterbewusstsein an dieses System vermitteln. Doch ebenso wie Sie Ihren Arm willentlich bewegen und damit eine bestimmte Handlung ausführen können, kann das Unterbewusstsein Ihren Arm auch ohne Ihren Willen bewegen. Wenn Sie, zum Beispiel, etwas niederschreiben, was Sie sich im wachbewussten Zustand sorgsam ausgedacht haben, dann bewegen die unterbewussten Mechanismen Ihre Muskeln auf eine Weise, dass Buchstaben und Worte in der richtigen Größe und Form entstehen und ordnen die Worte in der grammatikalisch korrekten Reihenfolge. All diese Handlungen sind zu einer »Gewohnheit« geworden, die das Resultat unserer geistigen Schulung ist. Diese geistige Maschinerie funktioniert aber auch ohne unseren bewussten Willen, wodurch das Phänomen entsteht, welches wir »Automatisches Schreiben« nennen. Die nächtlichen Träume könnte man entsprechend als »Automatisches Sehen« bezeichnen und so können alle körperlichen Sinne sozusagen auch auf umgekehrte Weise funktionieren.

Im Allgemeinen führt dieses umgekehrte Funktionieren zu keinen bedeutsamen Ergebnissen. Es wird dadurch zum größten Teil Material zu Tage befördert, das sich in vielen Jahren mentaler Aktivität angesammelt hat, Gutes und nicht so Gutes; dieses Material mag für einen Tiefenpsychologen interessant sein, hat aber an sich keinerlei Wert, abgesehen davon, dass es Hinweise auf die in den Tiefen des Bewusstseins ablaufenden Prozesse liefert.

Mit diesem aus dem Unterbewusstsein aufsteigenden Material sind jedoch Beweise für parapsychische Aktivitäten vermischt, doch sind diese so selten wie Goldkörner in einem goldhaltigen Quarzfelsen. Dieses Aufsteigen parapsychischer Wahrnehmungen aus den unterbewussten Schichten wird in der Terminologie Ihres Freundes als »niedere Medialität« bezeichnet. Sein Einwand dagegen – ein Einwand, den auch alle okkulten und esoterischen Schulen erheben – gründet darauf, dass es sich um einen Rückfall in die Frühzeit der Evolution handelt. Es ist eine Wiederbelebung der primitiven Medialität, die man heute noch bei höheren Tieren wie Katzen, Hunden und Pferden findet, und da diese nicht durch das Bewusstsein kontrolliert wird, kann sie zu der Dissoziation und Persönlichkeitsspaltung führen, vor der Sie der mit Ihnen befreundete Arzt gewarnt hat.

Obwohl ich keineswegs die Absicht habe, Ihre unkontrollierte Medialität zu fördern, möchte ich doch gegen diesen Einwand einiges vorbringen. Die »positive«, kontrollierte Medialität ist etwas sehr Seltenes, und selbst wenn sie sich entwickelt hat, hat das Medium doch seine »freien Tage«, und gesundheitliche Störungen oder mentaler oder emotionaler Stress verzerren seine Wahrnehmungen.

Wenn man sich eine Skala vorstellt, die von »rein positiv« bis »rein negativ« reicht, dann rangieren die meisten Medien irgendwo dazwischen und bewegen sich gemäß den vorherrschenden Bedingungen einmal in die eine und einmal in die andere Richtung. Hinzu kommt, dass sich negative Medialität unter bestimmten Bedingungen in positive verwandeln kann. Häufig stellen Menschen mit unkontrollierter Medialität fest, dass ihre Fähigkeiten schwinden, wenn sie mit den von okkulten und esoterischen Schulen geforderten Meditationsübungen beginnen. Das liegt daran, dass das cerebro-spinale Nervensystem auf eine neue, nicht vertraute Weise angeregt wird, und diese Menschen haben dann oft das Gefühl, etwas Wertvolles zu verlieren. Wenn sie ihre Übungen fortsetzen, kehrt die Fähigkeit jedoch zurück und kann auf effektivere Weise genutzt werden.

Ich möchte Sie jedoch daran erinnern, dass die Entwicklung medialer Fähigkeiten nicht das Hauptziel magischer Schulen ist. In den Logen werden parapsychische Fähigkeiten ausgebildet und ihre Anwendung spielt bei der Arbeit, mit der sie sich beschäftigen, eine Rolle. Doch das Hauptziel der magischen Ausbildung ist die geistige und spirituelle Entfaltung ihrer Mitglieder, und Medialität wird als Mittel zum Zweck betrachtet und keineswegs als Selbstzweck.

Nun einige Bemerkungen zu den Einwänden des Arztes. Es ist richtig, dass bestimmte Formen der Medialität zu den von ihm genannten geistigen Störungen führen können, doch im Allgemeinen ist die Gefahr nicht so groß wie es scheinen mag. Wenn wir uns mit etwas beschäftigen, dann neigen wir dazu, es überall um uns herum zu sehen; wir sind geistig ständig auf der Suche nach seinen Erscheinungsformen; und oft sind wir enttäuscht, wenn wir sie nicht finden. So sucht der Spezialist nach Manifestation dessen, worauf er sich spezialisiert hat; der religiöse Eiferer sieht ständig die Schwächen und Sünden seiner Mitmenschen; der Politiker ist immerzu bestrebt, die Welt nach seinen unfehlbaren Rezepten in Ordnung zu bringen.

Wenn wir jedoch herauszufinden versuchen, wie sich parapsychische Fähigkeiten auf die Menschen auswirken, die sie besitzen, müssen wir herausfinden, wie es mit ihrer geistigen Gesundheit bestellt gewesen ist, bevor sie die Fähigkeiten entwickelt haben. Wie Sie sicher in meinen Büchern gelesen haben, gibt es Menschen, die sich einbilden Dinge zu »sehen« oder Stimmen zu »hören« und dies sind natürlich eindeutige Anzeichen von Geisteskrankheit. Werden solche Menschen in einen »Entwicklungszirkel« aufgenommen oder in manchen magischen Schulen dazu gebracht, sich in bestimmte geistige Zustände zu versetzen, dann führt dies zu einer Verschlimmerung der Geisteskrankheit, an der sie bereits leiden, bis schließlich ein völliger geistiger Zusammenbruch erfolgt. Hier ist die Sachlage natürlich klar. In vielen Fällen erfolgt jedoch kein vollständiger Zusammenbruch, die Visionen und Stimmen entreißen den Betreffenden nicht völlig der Alltagsrealität, beeinflussen aber in erheblichem Maß sein Leben und Verhalten. Die Menschen, die sich in diesem »Zwischenstadium« befinden, sind der Fluch der magischen und esoterischen Schulen; durch sie wird die Kritik der Ärzte und Psychologen auf sie gelenkt.

Sehr viel hängt jedoch davon ab, wer diese Schulen oder Gruppen leitet und aus diesem Grund habe ich Sie gebeten, den Ruf einer Schule und die geistige Einstellung, von der sie geprägt ist, genau zu prüfen, wenn Sie ihr beizutreten gedenken. Die Lebensführung und der Charakter der Menschen, die von einer Schule ausgebildet wurden, sind ein guter Hinweis auf deren Wert.

Ich füge hier noch einige Gedanken zu dem Thema Geistesgestörtheit und parapsychologische und esoterische Schulen an. Ich habe in den etwa fünfundvierzig Jahren, die ich mit okkulten und parapsychologischen Institutionen in Kontakt bin, Männer und Frauen jeglichen geistigen Niveaus kennen gelernt und festgestellt, dass geistige Störungen keineswegs auf medial veranlagte Menschen beschränkt sind. Es gibt unter ihnen solche, die derartige Störungen zeigen, doch bei näherer Nachforschung stellt sich meist heraus, dass Anzeichen dafür bereits vor Beginn ihrer »esoterischen Entwicklung« vorlagen. Die Ursache liegt natürlich in den Leitern solcher Zirkel, also einer Person, und nicht am System.

Die gleiche Kritik gilt auch für die Mitglieder der esoterischen Schulen. Viele von ihnen betrachten hochmütig ihre medial begabten Brüder als Opfer niederer Medialität, doch Tatsache ist, dass manche von ihnen genau die gleichen Symptome geistiger Gestörtheit zeigen. Nebenbei bemerkt habe ich zu meiner Erheiterung häufig erlebt, dass Menschen, die »spiritistische Séancen« zutiefst verdammten, heimlich an »Sitzungen« mit bekannten Medien teilnahmen!

Doch wir wollen nicht ungerecht sein. Wir sind alle nicht vollkommen und so sollten wir über andere und auch über uns selbst nicht zu streng urteilen. Wie Bischof Butler sagte, als er sah, wie ein Verurteilter zur Hinrichtung geführt wurde: »Wäre Gott mir nicht gnädig, dann ginge dort ich.« Das Ziel der magischen Schulen ist die Vervollkommnung der Persönlichkeit ihrer Schüler, doch hundertprozentiger Erfolg kann nicht garantiert werden.

Nun zu den Behauptungen des mit Ihnen befreundeten Spiritualisten. Was auch immer die Verdienste und Mängel des modernen Spiritualismus sein mögen – eines steht fest: Die Methoden der so genannten »Entwicklungszirkel« sind für jemanden, der den Weg der Hohen Magie einzuschlagen wünscht, nicht geeignet. Dies ist keine Missbilligung des Spiritualismus, der an der religiösen Evolution der Menschheit teilhat und für jene, die sich ihm ernsthaft verschrieben haben, ein Weg zum Licht ist wie jeder andere. Doch »niemand kann zwei Herren dienen« und die Methoden des Spiritualismus sind mit denen der magischen Schulen unvereinbar.

Solange Sie auf diesem Gebiet nicht genügend Wissen erworben haben, um Urteile fällen zu können, sollten Sie sich an die von mir dargelegten Methoden halten und andere ihre Wege gehen lassen.

Sie müssen in dieser Hinsicht eine Entscheidung treffen, und ich bitte Sie, mir diese mitzuteilen. Es geht darum, gleich zu Beginn Ihrer magischen Ausbildung zu überprüfen, ob Sie diese Urteilskraft besitzen, eine der wichtigsten geistigen Tugenden.

Ich beende meine heutigen Instruktionen mit ein paar Worten über die Äußerung Ihres Gemeindepfarrers. Solche wie ihn gibt es leider viele, und das Problem ist, dass sie nicht die geringste Ahnung haben, was Magie in Wirklichkeit ist. Sie stellen sich darunter etwas Mittelalterliches vor und sind manchmal sogar »Experten«, was die in jener Zeit praktizierten magischen Riten betrifft. Doch sie betrachten das Ganze als etwas Unheilvolles, das verdammt werden muss. Idiotische Praktiken wie die Schwarze Messe oder »Liebeszauber« waren damals jedoch ebenso wenig wie heute Teil der wahren Magie.

Bedenken Sie, dass ein ordinierter Priester der anglikanischen Kirche gemäß dem Ordinale verpflichtet ist, »... gewissenhaft und voll Eifer alle falschen und fremden Lehren, die im Widerspruch zu Gottes Wort stehen, auszutreiben und sich hierzu öffentlicher und vertraulicher Ermahnungen zu bedienen ... wenn es die Notwendigkeit erfordert oder die Gelegenheit sich bietet«. Dies ist Teil einer Frage, die dem Ordinarius gestellt wird, und er antwortet darauf: »Das werde ich, so wahr mir Gott helfe.«

Kennt ein Priester nur diese Karikaturen, die als Magie bezeichnet werden, und wird er mit jemandem wie Ihnen konfrontiert, dann hat er nur zwei Möglichkeiten. Entweder entsinnt er sich seines Gelöbnisses, »diese falschen und fremden Lehren auszutreiben« und verdammt das Ganze, oder er enthält sich einer Verdammung, bis er die Sache eingehend studiert hat. Doch diese zweite Vorgehensweise erfordert ziemliche Mühe. Zumeist ist er mit seiner Arbeit als Gemeindepfarrer voll beschäftigt (das Märchen, dass Pfarrer faul seien, ist weitverbreitet, doch in der Mehrzahl der Fälle wirklich nur ein Märchen) und es ist ihm nicht möglich, sich eingehend mit der Sache auseinanderzusetzen.

Vielleicht gibt es aber auch einen klaren Grund für seine Ablehnung, der auf eigenen Erfahrungen oder den Erfahrungen anderer beruht, und dies kann sehr wohl die Ursache dafür sein, dass er das Ganze als etwas Satanisches betrachtet. Wenn man einmal, wie viele Missionare, das Phänomen der »Besessenheit« gesehen hat, dann kann man diese pauschale Verdammung verstehen.

Meistens aber schreckt er infolge seiner theologischen Ausbildung vor einer Beschäftigung mit diesen Dingen zurück und es kann auch sein, dass er die möglichen Reaktionen seiner Gemeinde fürchtet, was ein sehr triftiger Grund ist.

Es gibt viele Priester und Geistliche, die diese Dinge nicht verdammen, sondern sich bemühen, Erklärungen dafür zu finden, die mit ihrem christlichen Glauben in Einklang stehen. Schließlich ist die Bibel voller Schilderungen paranormaler und magischer Geschehnisse, und auch die kirchlichen Zeremonien stellen eine sehr wirkungsvolle Form von Magie dar, wie Evelyn Underhill in ihrem Buch über die Mysterien darlegt.

Seien Sie über die Einstellung Ihres Pfarrers nicht allzu verärgert, danken Sie ihm für seinen Rat, sagen Sie ihm aber, dass seine Vorstellungen falsch sind; dann setzen Sie Ihre Übungen fort und halten über diese Dinge den Mund.

Sie kennen den Grundsatz der Magie: »Wissen, Wollen, Wagen, Schweigen.«

Befolgen Sie ihn. Einer der Hauptgründe für diese Verschwiegenheit ist, dass Sie später mit Gedankenkräften arbeiten werden und sicher nicht wünschen, dass das von Ihnen Aufgebaute durch entgegenwirkende Gedanken anderer zerstört wird. Die meisten dieser Ratgeber sind harmlos, können aber viel Verwirrung anrichten. Ein ständig unerwünschte Ratschläge erteilender »Beifahrer« ist in der Magie ebenso lästig wie beim Autofahren.

KAPITEL X
ASTRALPROJEKTION UND DAS AUSSENDEN DES LICHTKÖRPERS

Da Sie nun imstande sind, willentlich mentale Bilder zu projizieren, teile ich Ihnen die grundlegenden Instruktionen für die so genannte »Astralprojektion« mit. Sie besteht darin, eine sorgfältig aufgebaute Gedankenform zu projizieren und dann mittels eines bestimmten geistigen »Tricks« das Bewusstsein in die projizierte Form zu verlagern.

Die Form, die Sie auf diese Weise aufbauen, wird in der Magie »Lichtkörper« genannt. In bestimmten östlichen Schriften wird sie als »Manumaya Kosha« bezeichnet, was übersetzt »durch Gedankenkraft erstellte Hülle« oder »Körper der Illusion« bedeutet. Ich bin vielen Menschen begegnet, die diese durch Ausbildung erworbene oder natürliche Fähigkeit besaßen, das Bewusstsein in eine außerhalb von ihnen befindliche Form zu projizieren. Die darin Ausgebildeten tun dies auf eine etwas andere Weise, durch ein bewusstes »Abspalten des Mondes«, als jene, deren Äther- oder Vitalkörper diese natürliche Fähigkeit besitzt, die bei so genannten Materialisationsmedien die Grundlage zur Erschaffung physischer Materialisationen bildet.

Die Besonderheit des Ätherkörpers bei Materialisationsmedien besteht darin, dass dieser mit seinem materiellen Gegenstück nur sehr locker verbunden ist und deshalb unter bestimmten Bedingungen von diesem abgestoßen werden kann. Da er eine Matrize darstellt, der der physische Körper »aufgeprägt« ist, würde eine totale Projektion des Vitalkörpers den Tod bedeuten. Es handelt sich jedoch um einen »fluidalen« Körper, der so abgespalten werden kann, dass ein kleiner Teil davon immer beim physischen Körper verbleibt. Wenn sich der Vitalkörper auf diese wunderbare Weise vom physischen Körper löst, kann er von diesem grobstoffliche Materie »mitnehmen« und sich in einer Form materialisieren, die für das Auge wahrnehmbar ist.

Bei den Materialisations-Séancen der Spiritualisten geht dieser Prozess vor sich, ohne dass er dem Medium bewusst wird oder von diesem auf irgendeine Weise bewirkt wird. Sie glauben, dass die Projektion durch Entkörperte herbeigeführt wird, die die projizierte Materie formen und ihr das Aussehen ihres früheren materiellen Körpers verleihen. Auf Grund meiner eigenen Erfahrungen auf diesem Gebiet bin ich fest davon überzeugt, dass dies manchmal der Fall ist, doch in vielen Fällen besteht kein Anlass zu der Annahme, dass die Geister Verstorbener etwas damit zu tun haben. Doch ob wir nun eine irdische Hülle tragen oder sie (vorübergehend oder für längere Zeit) abgelegt haben, wir sind in jedem Fall geistige Wesen. Tennyson sagt in einem seiner Gedichte, dass der »Geist im Menschen« der gleiche ist wie der »Geist, der einst ein Mensch war«. Sie sollten sich stets klar darüber sein, dass Sie immer ein geistiges Wesen sind, jetzt und in alle Ewigkeit.

Doch zurück zur Astralprojektion. Sie ist eines der größten Erlebnisse, das Ihnen zuteil wird, wenn Sie den Pfad der Magie eingeschlagen haben. Wenn Sie im Zimmer stehen und auf Ihren schlafenden physischen Körper blicken, dann erfüllt Sie dies mit der tiefen Überzeugung, dass Sie, ganz gleich, was die materialistischen Philosophen sagen mögen, mehr sind als dieser Körper; dass Sie ein Wesen sind, das unabhängig von diesem Körper ist und ohne ihn existieren kann.

Obwohl bei mir dieses Erlebnis vierzig oder mehr Jahre zurückliegt, entsinne ich mich noch gut des Staunens und der erhebenden Gefühle, die mich erfüllten, als ich zum ersten Mal den Lichtkörper projizierte.

Es gibt jedoch gewisse Gefahren und Hindernisse, auf die ich Sie hinweisen möchte, bevor ich Ihnen erkläre, wie Sie dieses wundervolle Kunststück vollbringen können. Ich erwähne diese Gefahren, damit Sie sich von Anfang an über alle Einzelheiten dieses Prozesses im Klaren sind. Unwissenheit erzeugt Furcht, und Furcht ist bei der magischen Arbeit das größte Hindernis. Wenn Sie die Fallgruben kennen, so können Sie vertrauensvoll voranschreiten, doch wenn Sie nicht Bescheid wissen, dann wird Ihre Vorstellungskraft die unsichtbare Welt mit fantastischen Schreckensgestalten bevölkern. Gemäß dem kabbalistischen Begriff der Ausgeglichenheit stellen in diesem Fall Vorsicht auf der Säule der Kraft und Vertrauen auf der Säule der Form die ausgewogenen Gegensätze dar, die Sie befähigen »im Licht zu wandeln«.

Es gibt zwei Arten der Astralprojektion und ich möchte Ihnen die grundlegenden Unterschiede erklären. Die eine findet völlig unfreiwillig statt und die betreffende Person hat über sie keinerlei Kontrolle. Viel hängt davon ab, ob man aus eigenem Antrieb den Körper verlässt oder ob er durch die Kraft eines anderen herausgeholt wird. Bei meinem ersten erfolgreichen astralen Ausflug wurde ich durch die Kraft meines Lehrers unterstützt und das ist so in vielen Fällen, in denen zufällige Experimente durchgeführt werden durch die, die ihre Anweisungen aus einem der vielen Bücher gewonnen haben, die dieses Thema berühren. Wenn der Lehrer wirklich etwas von der Sache versteht, kann diese Unterstützung sehr wirkungsvoll sein, doch man darf sich nicht auf diese rein passive Projektion beschränken, will man nicht in eine unzuträgliche Abhängigkeit geraten. Aus diesem Grund wird man Ihnen, wenn Sie der Loge einmal beitreten sollten, das Versprechen abverlangen, sich niemals völlig dem Willen einer anderen Person zu unterwerfen.

Die zweite Art der Projektion besteht darin, dass man bewusst den physischen Körper verlässt. Dies ist ein schwierigeres Kunststück, hat aber den Vorteil, dass man den Vorgang selbst unter Kontrolle hat. Es gibt eine Zwischenstufe, bei der die Fähigkeit den physischen Körper zu verlassen sich plötzlich einstellt, was den Projektor meist mit Angst und Schrecken erfüllt. Das plötzliche Auftauchen dieser Fähigkeit kann daran liegen, dass aus dem Unterbewusstsein Erinnerungen an eine okkulte Ausbildung in einem früheren Leben aufsteigen, doch in vielen Fällen sind auch ein schlechter Gesundheitszustand oder bestimmte psychische Störungen der Grund. Welches im gegebenen Fall die Ursache ist, müssen Experten entscheiden, dass heißt Männer und Frauen, die mit diesem Phänomen wohlvertraut sind. Andere so genannte »Experten«, Ärzte, Psychiater und orthodoxe Geistliche, haben schon so viel Unsinn in dieser Hinsicht verbreitet, dass wir, die wir seit vielen Jahren auf diesem Gebiet arbeiten, es längst aufgegeben haben, uns um die Meinungen von Leuten zu scheren, die über Dinge, mit denen Sie keinerlei eigene Erfahrungen haben, Urteile abgeben. Kümmern Sie sich also einfach nicht um die Meinungen von »Dr. X« oder »Bischof Y« oder um die spöttischen Bemerkungen irgendwelcher Leute. »Das Gelächter von Narren ist wie das Knistern von Dornen unter einem Kochtopf«, heißt es schon in der Bibel. Falls Sie schon einmal versucht haben, Dornenzweige als Brennstoff zu verwenden, wissen Sie, was gemeint ist: Sie erzeugen eine Menge Qualm und Lärm, aber nur sehr wenig Hitze.

Bei der bewussten Durchführung der »Astralprojektion« gibt es in Wirklichkeit nur zwei Gefahren. Die erste, rein körperliche, ist die Möglichkeit einer Überbelastung des Herzens. Das Herz ist ein sehr robustes Organ und belastungsfähiger als viele denken, doch es kann überanstrengt und dadurch geschädigt werden. Man soll nichts verallgemeinern, aber grundsätzlich kann man sagen: Falls Sie ein schwaches Herz oder einen Herzfehler haben, sind die üblichen Methoden der Projektion für Sie nicht geeignet und Sie sollten diese Übungen deshalb unterlassen. Es gibt noch andere Methoden zur Erreichung des gleichen Zwecks, die mehr Zeit erfordern. Dennoch sind sie ebenso wirkungsvoll. Ich werde später darauf zurückkommen und Ihnen kurz einige einleitende Anweisungen geben.

Die zweite Gefahr besteht darin, dass diese wunderbaren Erfahrungen dazu führen können, dass Sie den Leiden und Sorgen dieser irdischen Sphäre zu entfliehen versuchen, indem Sie sich immer, wenn die Stürme des Lebens etwas stärker wehen, auf die inneren Ebenen zurückziehen, denn dies kann eine psychische Störung zur Folge haben, so dass

Sie sich mit Recht einem »Experten«, dann einem Psychiater, anvertrauen müssen. Dies kann jedoch nur passieren, wenn Ihre Grundphilosophie auf falschen Prämissen aufgebaut ist.

Sie wurden in der kabbalistischen Philosophie unterwiesen und Sie wissen, dass diese Philosophie die Notwendigkeit betont, ein erfülltes Leben auf dieser physischen Ebene zu führen und sich keiner der damit verbundenen Pflichten zu entziehen. Kurze Erholung nach der Arbeit ist gestattet, doch ausgedehnte Ferien stehen nicht auf dem Plan.

In Ihrem Fall sehe ich jedoch bezüglich dieser zwei Gefahren keinen Anlass zur Sorge. Ihr körperlicher Zustand ist gut, Ihr Herz gesund und Sie sind hinreichend »erdverbunden«, um gegen die Gefahr der Realitätsflucht gefeit zu sein. Wir können deshalb mit den Instruktionen, die Sie befähigen werden, diese scheinbar feste fleischliche Hülle bewusst zu verlassen, fortfahren.

Ich mache Sie noch einmal darauf aufmerksam, dass der Erfolg auf diesem Teilgebiet der magischen Arbeit von regelmäßigem und beharrlichem Üben abhängt. Jegliche Nachlässigkeit bei dieser Arbeit führt zum Scheitern. Sie dürfen sich bei den Übungen keine zeitliche Grenze setzen. Möglicherweise wird es Ihnen sehr schnell gelingen, den physischen Körper bewusst zu verlassen, es kann aber auch Wochen, Monate oder gar Jahre dauern, bis Sie Erfolg haben. Doch wie viel Zeit Sie auch brauchen, bedenken Sie, dass die betreffenden Übungen, abgesehen von ihrem eigentlichen Zweck, auch wertvolle Methoden zur Entwicklung Ihrer Visualisierungs- und Konzentrationsfähigkeit sind.

Kürzlich ist mir eingefallen, dass Sie sich vermutlich fragen, wie Sie die Zeit für all die Übungen, die ich Ihnen mitgeteilt habe, aufbringen sollen. Ich erinnere mich, dass ich mir zu Beginn meiner magischen Ausbildung die gleiche Frage stellte. Doch im Sinne von »Dinge sind nicht immer das, was sie scheinen« ist es nicht so schlimm. Wenn Sie die ersten Übungen einigermaßen beherrschen, werden Sie feststellen, dass Sie immer weniger Zeit benötigen, um zu einem Erfolg zu gelangen, und dass Sie für Übungen, die früher zehn Minuten gedauert haben, nur noch eine halbe Minute aufwenden müssen, weil das Unterbewusstsein automatische Gewohnheiten entwickelt hat und die Übungen die notwendige innere Entwicklung bewirkt haben. Doch bei diesen Dingen ist Zeit nicht so wichtig, wie wir hier in unserer irdischen Sphäre denken. Sie brauchen nicht für eine Prüfung zu »pauken«, die zu einem festen Termin stattfindet, sondern Sie machen eine Lehre durch, die beendet sein wird, wenn Sie bestimmte Fähigkeiten erlangt haben.

Da es sich um eine Lehre handelt, werden Sie schon lange vor ihrem Abschluss viel praktische Arbeit tun, und, was noch wichtiger ist, Ihre Arbeit wird Teil des großen Planes sein und von den Meistern, denen wir alle dienen, genutzt werden.

Wenden wir uns jetzt wieder den Anleitungen zur Projektion des »Lichtkörpers«, zu, wie er in unserer Schule genannt wird. Die beste Zeit dafür ist vor dem Schlafengehen. Doch es ist gut, wenn Sie es auch zu bestimmten anderen Tageszeiten versuchen, was natürlich von Ihren Arbeitsgewohnheiten abhängt. Wenn Sie mit Ihren Projektionsversuchen beginnen, denken Sie aber daran, Ihrer Frau zu sagen, was Sie tun werden, und schärfen Sie ihr ein, dass es Ihrer Gesundheit sehr abträglich wäre, wenn sie Sie plötzlich stören würde.

Ihre inzwischen erworbene Fähigkeit, »Gedankenformen« zu erschaffen, werden Sie jetzt praktisch anwenden. Sie müssen mit Hilfe Ihres geistigen Sehvermögens eine Gedankenform aufbauen, die als Matrize dient, in die die fluidale »ätherische« Substanz fließt und auf diese Weise die Verbindung zwischen der physischen und der paranormalen Bewusstseinsebene herstellt. Wie diese Form aussieht, können Sie weitgehend selbst bestimmen. Als ich mit meinen Projektionsexperimenten begann, erschuf ich als Gedankenform eine Gestalt in einem dunkelblauen Gewand mit einer Kapuze auf dem Kopf, einem silbernen Gürtel um die Taille und an einer Kette ein reich verziertes Kreuz der Rosenkreuzer. Ich war damals ein großer Bewunderer von den Büchern der verstorbenen Maria Corelli und ließ mich bei der Erschaffung dieser Gestalt von einer Stelle in einem inspirieren. Ich weiß noch, dass mein Lehrer deshalb leicht belustigt war, doch er erhob keinen Einwand. Wie gesagt, können Sie die Gedankenform ganz nach Ihrem Wunsch gestalten, doch sollte es natürlich keine groteske oder unpassende Form sein.

Ich möchte vorschlagen, dass Sie eine ähnliche Gestalt erschaffen wie ich, doch brauchen Sie sich nicht genau an meine Beschreibung zu halten. Wie Sie bei Ihrer magischen Arbeit später feststellen werden, gehören Sie bereits einer Gruppe an, die aus Inkarnierten und Diskarnierten besteht. Diese Gruppe arbeitet stets auf den inneren Ebenen. Da die Gruppe zeremoniell arbeitet, tragen ihre Mitglieder eine bestimmte Kleidung und wenn Sie sich mit dieser Gruppe bewusst verbunden haben, entweder durch Ihre persönlichen Kräfte oder mit Hilfe der parapsychischen Kräfte eines

Anderen, werden Sie wissen, wie die Form aussieht, die Sie erschaffen müssen.

Wenn das Aussehen Ihrer Gedankenform feststeht, können Sie sie mittels der Methode, die Sie gelernt haben, erschaffen und projizieren. Ich fand es sehr hilfreich bei meinen ersten Übungen, die Form in dieser Art zu projizieren: Ich visualisierte und projizierte zuerst eine Kugel aus blauem Licht in der Größe einer Orange. War mir dies gelungen, ließ ich sie schnell zur gewünschten Größe anwachsen und die entsprechende Gestalt annehmen. Am Schluss der Übung kehrte ich den Prozess um und zog schließlich die Lichtkugel wieder in mich hinein.

Es handelt sich dabei *nicht* um den Lichtkörper selbst, den Sie zu projizieren versuchen. Es ist nur die »Gussform«, die Matrize, in die dieser fluidale Körper fließen wird. Ich habe die »Materialisations-Séancen« bereits erwähnt, bei denen aus der dem Medium entströmenden ätherischen Substanz durch die Gedanken inkarnierter und diskarnierter Personen erkennbare Formen erschaffen werden. In diesem Fall tun Sie beides. Sie stellen das Material zur Verfügung und erschaffen die Form, die dieses Material annimmt. Bedenken Sie jedoch, dass Sie keine Form zu projizieren versuchen, die für das physische Auge sichtbar ist; damit werden wir uns erst in einem späteren Stadium der Ausbildung beschäftigen. Tatsächlich wird dieser Versuch nicht häufig unternommen, denn dies gelingt nur Menschen, deren Ätherkörper die bereits früher erwähnte Beschaffenheit aufweist. Dies ist eine wunderbare Leistung, doch es ist für Sie nicht notwendig, dass Sie eine solche sichtbare Form projizieren. Die feinere ätherische Substanz, die Sie benutzen, reicht für die Arbeit, die Sie tun, völlig aus.

Sie sind nun bereit, einen praktischen Projektionsversuch zu unternehmen. Die Methode, die ich beschreiben werde, habe ich selbst während meiner Ausbildung benutzt; daher kann ich mich für ihre Wirksamkeit verbürgen. Was ich nicht vorhersagen kann, ist, wie viel Zeit Sie benötigen werden, bis Sie einen Erfolg erzielen. Dies hängt stark von anderen Faktoren ab; es können nur ein paar Wochen, aber auch Monate oder gar Jahre sein. Bei einem Mann, den ich kannte, dauerte es sieben Jahre, bis er Erfolg hatte. Er war wirklich außergewöhnlich. Er zeigte eine vorbildliche Beharrlichkeit, die uns allen eine Lektion war.

Sie haben nun den ersten Teil dieser Projektionsmethode, die Erschaffung der Form, hinter sich gebracht, und nun steht diese Form vor Ihnen. Ihre Aufgabe besteht darin, das, was manchmal »Stern des Bewusstseins« genannt wird, diesen Punkt in Ihnen, den Sie als »Ich« empfinden, darauf zu übertragen. Bei den meisten Menschen befindet sich dieser Punkt der Selbstbewusstheit irgendwo hinter der Nasenwurzel, doch bei manchen auch im Solarplexus. Letzteres ist bei Personen, die in westlichen Schulen ausgebildet werden, nicht oft der Fall, es sei denn, sie sind keltischer Herkunft. Doch wo sich der Stern des Bewusstseins auch befindet, er muss auf die von Ihnen erschaffene Form übertragen werden. Zugleich müssen Sie einen Teil der feinen ätherischen Substanz Ihres Vitalkörpers auf sie übertragen; das heißt, Sie müssen der Form den »Lebensatem« einhauchen.

Atmen Sie, während Sie ruhig dasitzen und die Form betrachten, tief ein und richten Sie dabei Ihre Aufmerksamkeit auf den Boden unter Ihren Füßen, oder, falls Sie auf dem Rücken liegen, auf einen Punkt direkt unter Ihren Fußsohlen.

Dies ist die Stelle, wo Ihre Aura Kontakt mit der Erde hat und wo bestimmte ätherische Energien von den planetarischen Sphären in Sie einströmen.

Während Sie Ihre Lungen mit einem tiefen Atemzug füllen, stellen Sie sich im Geist vor, dass Sie sich mit ebenso viel Energie aus dem Erdzentrum aufladen und dass diese Energie zu der Stelle fließt, wo sich Ihr Stern des Bewusstseins befindet. Beim Ausatmen projizieren Sie die Energie auf die von Ihnen erschaffene Form und bemühen sich, gleichsam mit dem Kraftstrom mitzuschwimmen und sich von ihm in die projizierte Form hinein tragen zu lassen. Es wird Ihnen helfen, wenn Sie sich vorstellen, dass Sie durch eine feinstoffliche Schnur mit ihr verbunden sind und sowohl die ätherische Energie als auch Ihr Bewusstsein an dieser Schnur entlang projizieren. Dies entspricht der ätherischen »Anatomie«, da tatsächlich eine solche Verbindung zwischen dem Vitalkörper und seiner grobstofflichen Entsprechung besteht.

Vielleicht müssen Sie diesen Teil der Übung oft wiederholen, bis Sie Erfolg haben. Es kann aber auch sein, dass Sie sich sehr schnell bei vollem Bewusstsein im Lichtkörper befinden. Doch ob es lange oder kurz dauert, die dafür aufgewandte Mühe lohnt sich. Meist ist es so, dass Sie, wenn Sie Erfolg haben, so überrascht sind, dass Sie erschrecken und schnell wieder zurück in Ihren physischen Körper schlüpfen wie ein Kaninchen in seinen Bau. Es besteht jedoch keinerlei Gefahr, und wenn es Ihnen gelingt, nur einen Moment lang im Lichtkörper zu bleiben, werden Sie etwas erleben, was Sie sozusagen in der ätherischen Sphäre verankert. Bei Manchen ist es ein merkwürdiges »Klicken«, ähnlich dem Geräusch eines Lichtschalters. Andere hören im Kopf einen wohl klingenden Ton, der darauf hindeutet, dass Sie sich bei vollem Bewusstsein außerhalb ihres physischen Körpers befinden.

Nun werden Sie die feinstoffliche Schnur, die Sie mit dem physischen Körper verbindet, den Sie für eine Weile verlassen haben, tatsächlich wahrnehmen. Sie werden feststellen, dass sie Sie in den Körper zurückzuziehen versucht, deshalb ist es am besten, sich ein gutes Stück von ihr zu entfernen. Sie werden auch bemerken, dass die »Silberschnur« immer dicker wird, je mehr Sie sich dem Körper nähern, und die Anziehungskraft des Physischen wird immer stärker. Sie werden das Gefühl haben, in einem feinstofflichen ätherischen »Meer« inmitten von wirbelnden Energieströmen zu schwimmen, doch Sie werden auch merken, dass Sie die Macht haben, diesen Kräften zu widerstehen und Ihr Gleichgewicht zu bewahren.

Die Erfahrungen sind individuell verschieden, doch bei meinen eigenen Projektionen befand ich mich immer in einem Bereich, in dem die normalen physischen Dinge sichtbar waren und in ein bläuliches Licht getaucht schienen. Es ist eine Besonderheit dieses Lichtes, dass es keine Schatten wirft und das ist etwas, das man als sehr merkwürdig empfindet, bis man sich daran gewöhnt hat.

Sie werden eine starke Neigung verspüren, einen Freund auf der Erde zu besuchen oder jemanden zu treffen, der seine irdische Hülle verlassen hat, doch ich rate Ihnen, sich anfangs auf die Aufgabe zu beschränken, den Körper bei vollem Bewusstsein zu verlassen. Später können Sie versuchen, diese ätherische Welt zu durchstreifen, doch zunächst handelt es sich nur um überaus wichtige Vorarbeiten.

Wollen Sie, nachdem es Ihnen gelungen ist, den Lichtkörper zu projizieren, in den physischen Körper zurückkehren (und bei Ihren ersten Experimenten sollten Sie nur kurze Projektionen durchführen), dann brauchen Sie nichts weiter zu tun, als sich dem physischen Körper zu nähern. Die Silberschnur wird dann eine immer mehr zunehmende Zugkraft ausüben und Sie schnell in die Ebene des physischen Bewusstseins zurückziehen.

Wenn Sie sich wieder in Ihrem Körper befinden, ist es ratsam, Ihre Erinnerungen an das Erlebnis sofort niederzuschreiben. Wenn Sie damit längere Zeit warten, werden Sie feststellen, dass Sie sich nur noch unklar daran erinnern können.

Nun noch zwei Warnungen und ein Wort der Ermutigung. Führen Sie diese Projektionsexperimente niemals bei abnehmendem Mond durch, da in dieser Zeit die ätherischen Strömungen ungünstig sind, erst später werden Sie in der Lage sein, sie zu meistern, doch bei Ihren ersten Versuchen könnten sie Sie behindern. Meine zweite Warnung lautet, während dieser Experimente strenges Stillschweigen zu bewahren. Sie werden genug damit zu tun haben, die physische Welt zu verlassen, so dass Sie die negativen gedanklichen Einflüsse anderer, die nichts von dem Ganzen verstehen, es aber trotzdem leugnen oder missbilligen, nicht brauchen können. Denken Sie an das letzte Wort des Rosenkreuzerwahlspruchs »... Schweigen«.

Nun die Ermutigung. Vielleicht werden Sie sich allein fühlen und ziemlich verloren vorkommen, wenn Sie zum ersten Mal im Lichtkörper stehen, doch glauben Sie mir, wenn ich Ihnen sage, dass Sie nicht allein sind. Es werden andere ganz in Ihrer Nähe sein, die bereit sind, Ihnen zu helfen. Tatsächlich ist dies immer so, ganz gleich, in welchem Lebensplan wir uns auch befinden. Wie Marcus Aurelius vor so langer Zeit geschrieben hat: »Nie sind wir weniger allein, als wenn wir glauben, allein zu sein.«

An dieser Stelle beende ich diesen sehr wichtigen Teil meiner Instruktionen. Bitte schicken Sie mir wieder auf die übliche Weise die Aufzeichnungen über Ihre Experimente. Achten Sie dabei auf folgende Punkte:

1. Tag und Zeit des Experiments
2. Ihre körperliche und psychische Verfassung
3. Die Witterungsbedingungen
4. Alle anderen Punkte, die Ihnen bezüglich des Experiments bedeutungsvoll erscheinen

KAPITEL XI
DER KONTAKT MIT DER ENERGIE

Diesmal erkläre ich Ihnen, wie Sie den Kontakt mit den Energien, mit denen Sie später in der Loge arbeiten werden, herstellen und diese in sich aufnehmen können. Es ist wichtig, dass Sie nicht nur eine klare Vorstellung von diesen Energien und ihrem Ursprung haben, sondern auch, in gewissem Maß zumindest, imstande sind, mit ihnen Verbindung aufzunehmen.

Im Allgemeinen haben es die Logen nicht gern mit Neophyten zu tun, die auf unkontrollierte Weise mit den Energien in Kontakt gekommen sind, denn dann fällt es dem Lehrer zu, die aufgebauten falschen Gewohnheiten zu brechen und den Schüler die Methoden, die bei der magischen Arbeit benutzt werden, zu lehren.

Zu Ihrem eigenen Besten versuche ich Ihnen diese guten Gewohnheiten beizubringen, bevor Sie durch das Tor der Mysterien treten, und nun erkläre ich Ihnen eine sichere, erprobte Methode, die es Ihnen ermöglichen wird, Kontakt mit den Energien aufzunehmen, deren Anwendung Sie in der Loge erlernen werden.

Als Erstes weise ich Sie darauf hin, dass diese Energien völlig neutral sind. Sie können für gute und schlechte Zwecke eingesetzt werden, was übrigens für alle natürlichen Kräfte gilt. Betrachten Sie sie also nicht als »spirituelle Kräfte«. Natürlich sind sie spirituelle Kräfte, doch das sind alle natürlichen Energien, ob sie nun auf der physischen oder auf einer paranormalen Ebene wirken. Dies hängt ganz davon ab, welchen Gebrauch man von ihnen macht, und damit kommen wir zu den moralischen Grundprinzipien unserer Schule.

Viele Lehren werden als moralisch und spirituell betrachtet, obwohl sie dies in Wirklichkeit gar nicht sind, und deshalb ist die »erste Tugend auf dem Pfad«, wie sie genannt wird, so überaus wichtig. Es ist die Tugend des »Unterscheidungsvermögens«, die Sie vor der falschen Anwendung dieser Kräfte durch Sie selbst und durch andere schützt.

Was verstehen wir unter »Moral«? Welche Vorstellung verbinden Sie mit diesem Begriff? Ich wette normalerweise nicht, aber ich würde eine Wette darauf abschließen, dass der erste Gedanke, der Ihnen in den Sinn kommt, wenn Sie dieses Wort hören, mit Sex zu tun hat. Habe ich nicht Recht? Dies liegt daran, dass dem Wort im üblichen Sprachgebrauch diese begrenzte Bedeutung verliehen wird. Die allgemeine Verwendung des Begriffs ist jedoch eine falsche und es ist wichtig, dass Sie seinen größeren Zusammenhang verstehen.

Die allgemeine Bedeutung des Wortes hängt mit den Stammessitten zusammen. Bestimmte Dinge, die für den Stamm als Ganzes gut waren, wurden vom Häuptling und Priester des Gemeinwohls wegen zum Gesetz erhoben. Das Problem war, dass es, wenn der Stamm und die Intelligenz seiner Mitglieder wuchs, immer schwieriger wurde, den Stammessitten (lat. »mores«) Geltung zu verschaffen und dass es in jeder Generation zum Aufstand gegen den strengen »Moral«-Kodex kam.

Nun glauben wir gern, dass wir unseren Vorfahren in jeder Hinsicht überlegen sind, doch die traurige Wahrheit ist, dass wir in vielerlei Weise ebenso beschränkt sind wie sie. Sicher wurden große, und manchmal auch erfolgreiche, Bemühungen unternommen, einer liberaleren Einstellung gegenüber uralten Problemen wie Jugendkriminalität, Prostitution und Homosexualität den Weg zu ebnen, doch wir stecken immer noch in dem alten Gesetzessystem fest, das uns Kirche und Staat im Lauf von Jahrtausenden aufgezwungen haben.

Es gibt Anzeichen dafür, dass sich die unterhalb der heutigen Gesellschaft angestaute Unzufriedenheit in gewalttätigen Aktionen entladen könnte; so stößt jede auf eine Liberalisierung der Gesetze gerichtete Bestrebung, mag sie noch so berechtigt sein, auf den heftigen Widerstand jener Repräsentanten von Kirche und Staat, die der Meinung sind, dass nur die Erhaltung des Status quo Sicherheit gewährleistet. Diese Angst vor Neuerungen erfüllt viele von uns, doch die Magie lehrt uns: »Die alte Ordnung wandelt sich, macht einer neuen Platz, und Gott verwirklicht sich auf mannigfache Weise, auf dass nicht eine gute Sitte die Welt verderbe.«

Das soll nicht heißen, dass wir pauschal für eine Demontierung der moralischen und staatlichen Gesetze eintreten, die ja im Großen und Ganzen sehr gut ihren Zweck erfüllt haben, da in unserem Rechtssystem eine Menge gesunder Menschenverstand seinen Niederschlag gefunden hat. Doch es bedeutet, dass wir uns nach anderen Maßstäben richten müssen als unsere Mitbürger.

Wenn Sie sich die Zehn Gebote ansehen, die in dieser Hinsicht als Richtlinien betrachtet werden, werden Sie feststellen, dass sie alle eine negative Aussage haben: »Du sollst nicht …« Bei den Hebräern hat es vor der Zeit unseres Herrn viele Bestrebungen gegeben, positiveren Lehren Geltung zu verschaffen, und Er hat als meisterhafter Psychologe einige dieser früheren Ideen zu den zwei positiven Geboten zusammengefasst, die mit »Du sollst ...« beginnen. Er fügte das positive Gebot hinzu: »Ihr sollt einander lieben.«

In diesen Worten sind die moralischen Gesetze auf höchste Weise verwirklicht; sie sind wahrer spiritueller Sprengstoff, dazu bestimmt, viele staatliche und kirchliche Mauern niederzureißen. Doch hüten Sie sich davor, das Gebot so zu verdrehen, dass es Ihren Zwecken entspricht. Dieser Zweck muss verändert werden und dies ist der Punkt! Ein berühmter (oder für manche Menschen berüchtigter) Magier stellte die Forderung auf: »Tu, was du willst, sei das ganze Gesetz. Liebe ist das Gesetz, Liebe unter Willen.«

Das Gleiche hat der Heilige Augustinus mit den Worten ausgedrückt: »Liebe und tu, was du willst.« Doch der verstorbene Mr. Joad hätte wohl gefragt: »Was verstehst du unter Liebe?«

Zweifellos hat diese Maxime viele, die sie in die Praxis umzusetzen versuchten, in Leid und Elend gestürzt.

Es gibt ein griechisches Sprichwort, das unsere Einstellung zu diesen Dingen ausdrückt. Dies ist »Medan edan«, was bedeutet »Von nichts zu viel«. Nach unserem Verständnis bedeutet das »Gleichgewicht«, und die magischen Schulen lehren, dass »Ausgeglichenheit die Grundlage des Großen Werkes« ist. Deshalb nennen wir die »bösen« Kräfte die »Könige von Edom, die Herren der Unausgewogenen Kraft«.

Dieser Zustand der Ausgeglichenheit ist jedoch keine statische Geisteshaltung, sondern so etwas wie das »Gleichgewicht«, das ein Künstler manchmal anstrebt: die Ausgewogenheit eines »Stilllebens«, die Anordnung zu einem Muster.

Es ist eher die Balance eines Trapezkünstlers, eine kinetische Balance, bei der komplementäre Kräfte ins Lot gebracht worden sind. Sie müssen also im Leben eine flexible Haltung einnehmen, doch es muss eine Flexibilität sein, die auf dem Fels wahrer Moralität und nicht auf den herkömmlichen Sitten gründet.

Hüten Sie sich aber davor, Ihre Versuche, diesen Weg zu gehen, zu einer Provokation zu machen, die zu einer Kollision mit den herkömmlichen Sitten führt. Vielleicht würde dies eine masochistische Veranlagung in Ihnen befriedigen, doch es wäre nur eine Energieverschwendung, die Sie bei Ihrer Arbeit nicht weiterbringt.

Ich weise bereits jetzt darauf hin, denn wenn sich die Ergebnisse der Übungen, die ich Ihnen schildern werde, einstellen, werden Sie feststellen, dass man mit den einströmenden Energien sorgsam umgehen muss, und dann werden Ihnen die vorstehenden moralischen Instruktionen von Nutzen sein.

Diese Kräfte, die Sie erfüllen werden, müssen stets, was ihren Ursprung und ihr Wesen betrifft, als göttlich betrachtet werden. Die Übungen, die diese Energien in Sie einfließen lassen, werden die Übungen der Mittleren Säule genannt. Wenn Sie das Diagramm des Lebensbaums betrachten, sehen Sie, dass die Sefiroth in drei vertikalen Reihen angeordnet sind: die Stationen des Baums. Die mittlere vertikale Reihe, die aus Malkuth, Jesod, Tifereth, Daath und Kether besteht, ist die Mittlere Säule, und alle Stationen dieser Reihe sind mit dem Bewusstseinsaspekt Ihres Selbst verbunden. Malkuth hängt mit dem körperlichen Sinnesbewusstsein zusammen; Jesod mit dem »Unterbewusstsein« oder dem »persönlichen

Unbewussten«; Tifereth ist die Sphäre des Überbewusstseins; Daath ist die Sphäre einer anderen Bewusstseinsform; Kether schließlich ist der Bereich des absoluten Bewusstseins, des göttlichen Funkens, der das Zentrum und die Quelle unserer Existenz ist.

An dieser Stelle warne ich Sie vor einem weit verbreiteten Irrtum. Viele Schüler, die die Instruktionen befolgen und die Energien erweckt haben, behaupten prahlerisch, sie seien mit »nirwanischen Ebenen« in Kontakt. Den östlichen Lehren zufolge, aus denen dieser Begriff stammt, ist Nirwana der Bewusstseinszustand, in dem der Übergang aus dieser irdischen, bedingten Existenz ins absolute Sein vor sich geht.

Die Neigung, die persönliche Entwicklung in dieser Hinsicht überzubewerten, kann und muss korrigiert werden, indem man sich bewusst macht, dass gemäß der kabbalistischen Lehre »der Baum in jeder Sefirah ist«. So werden in Malkuth alle anderen Sefiroth erfahren, jedoch »durch den Schleier des Irdischen«. Die Erfahrung der Bewusstseinsform von Kether durch diesen irdischen Schleier ist ein wunderbares Erlebnis, doch es ist nicht das volle unverzerrte Bewusstsein, das nur jenen eigen ist, die mit Recht »Meister des Lebens« genannt werden dürfen.

Damit soll bei Ihnen jegliche Tendenz zum Hybris vorgebeugt werden. Das griechische Wort bezeichnet diesen merkwürdigen spirituellen Stolz und Dünkel, der so leicht entsteht, wenn die mächtigen Kräfte des unsichtbaren Universums in unsere Persönlichkeit einströmen.

Die Übungen sind bereits in meinem Buch »Das Praxisbuch der Hohen Magie« enthalten, und so werden sie Ihnen schon vertraut sein, doch ich möchte sie noch einmal durchgehen, damit Sie sie besser verstehen.

Zuerst machen Sie sich bitte bewusst, dass Sie sozusagen ein Kanal für die zwei Quellen einfließender Kräfte sind und dass in Ihrem psycho-physischen System die erforderlichen Kontaktpunkte oder Zentren für die Aufnahme dieser Energien vorhanden sind. Es gibt eine Anatomie der inneren Körper (die wie der physische Körper Organe besitzen); zu dieser Anatomie gehören zwei Zentren oder Chakren, die bei diesen Übungen den Vorrang haben. Es handelt sich um das Zentrum in der Aura oberhalb des Kopfes und um das korrespondierende Zentrum in der Aura unterhalb der Füße. Die diesen zwei Zentren entsprechenden Sefiroth des Baumes sind Kether und Malkuth.

Durch diese zwei Kontaktpunkte oder Zentren ziehen wir die Energien, die wir bei unserer Arbeit gebrauchen werden, in uns ein und so wird es gemacht.

Visualisieren Sie zunächst eine Sphäre aus strahlendem weißem Licht etwa sieben bis zehn Zentimeter über Ihrem Kopf. Da Sie das Visualisieren und Projizieren von Bildern hinreichend geübt haben, dürfte Ihnen diese Übung leicht gelingen. Stellen Sie sich diese leuchtende Sphäre so deutlich wie möglich vor und »fühlen« Sie sie zugleich als warme, vibrierende Kugel, aufgeladen mit Wärme der Energie, die in Ihre Aura strömt und hinab zum Erdzentrum unter Ihren Füßen fließt.

Wenn es Ihnen gelungen ist, diesen Kontaktpunkt über dem Kopf aufzubauen, müssen Sie den korrespondierenden Punkt unter den Füßen erschaffen. Visualisieren Sie wieder eine Lichtkugel und projizieren und »platzieren« Sie diese sieben bis zehn Zentimeter unter den Füßen. Doch statt strahlend weiß wie im Kopfzentrum müssen Sie sich die in dieses Erdzentrum einströmende Kraft als eine siedende, anschwellende Energie in den Farben Zitronengelb, Rötlich-oliv und Indigo vorstellen und visualisieren, dass diese Farben sich wirbelnd vermischen. Sie werden sehen, dass die Visualisierung des Malkuth-Zentrums wesentlich schwieriger ist als die Erschaffung des Kether-Zentrums über dem Kopf, doch es ist äußerst wichtig, dass sie durchgeführt wird.

Über dieses Basiszentrum gibt es viele falsche Meinungen. Oft wird behauptet, dass man sich vom »Erdmagnetismus« isoliert, wenn man Schuhe mit Gummisohlen trägt. Dies ist nicht der Fall, außer man ist innerlich fest davon überzeugt. Wir alle leben im ätherischen Gegenstück dieses Planeten. Wir sind davon umgeben wie ein Fisch von dem Meer, in dem er schwimmt. Die Vorstellung, ein zentimeterdickes Stück Gummi könnte die ätherischen Energien von uns abhalten, ist deshalb töricht. Tatsächlich gibt es bestimmte Kräfte, die vom Boden, auf dem wir gehen, ausstrahlen und deren Eindringen in unsere Aura durch isolierende Substanzen wie Gummi oder Seide, um nur zwei zu nennen, verhindert wird. Doch diese sind für unsere Arbeit ohne Bedeutung und deshalb können Sie sie während Ihrer Übungen vergessen.

Stellen Sie sich dieses Erdzentrum also als eine wirbelnde Sphäre aus vielfarbigem Licht vor und »fühlen« Sie die davon ausstrahlende Hitze. Üben Sie, bis Sie diese »Hitze« deutlich spüren können. Üben Sie dies, bis es Ihnen gelungen ist, dieses Zentrum ebenso klar zu visualisieren wie das korrespondierende über Ihrem Kopf. Wenn Sie dies geschafft haben, sind Sie für den nächsten Teil der Arbeit bereit.

Obwohl Sie auf diese Weise bestimmte mentale Bilder erschaffen und diese mit den im Ätherkörper vorhandenen Zentren verbinden können, müssen Sie sich klar darüber sein, dass diese Zentren bereits aktiv sind und dass Sie lediglich bestimmte mentale »Kontrollmechanismen« in der Aura errichten, um ihre Aktivität gemäß Ihren Wünschen regulieren zu können. Ich muss Sie jedoch davor warnen, den Versuch zu unternehmen, die betreffenden parapsychischen Energien auf irgendeine andere Weise zu regulieren als auf die nachfolgend geschilderte.

Gemäß der esoterischen Terminologie bewirken die ätherischen Energien »das Brennen der Feuer des Körpers«. In jedem Teil des Körpers brennt eine eigene Art von »Feuer«, und diese Feuer werden ständig automatisch reguliert. Diese Energien, die durch den Äther- oder Vitalkörper zugeführt und koordiniert werden, sind ein Teil dessen, was in der Medizin »vis medicatrix natura« genannt wird und das Ergebnis ihres ausgewogenen Zusammenwirkens ist körperliche Gesundheit. Sie werden später mehr über diesen Aspekt Ihrer Arbeit erfahren.

Sie müssen berücksichtigen, dass ein gesunder innerer Organismus überaus wichtig ist, denn die Seele ist zwar, wie ein Dichter zutreffend sagt, »die Form, die den Körper prägt«, doch wenn das Instrument, das die Seele auf der irdischen Ebene benutzt, nicht gesund ist, werden die inneren Kräfte verzerrt und fehlgeleitet, und dies ist ein Hauptgrund für die schwer definierbaren gesundheitlichen Störungen, an denen die Mitglieder mancher esoterischer Schulen leiden. In unserer Schule betrachten wir die Maxime der alten Römer: »Ein gesunder Geist in einem gesunden Körper« als anzustrebendes Ideal. Es gibt natürlich Ausnahmen, doch meist bestätigen sie nur die Regel. Es findet eine Interaktion zwischen den beiden Aspekten des menschlichen Wesens statt, weshalb die psychosomatische Behandlung in der Medizin immer mehr an Bedeutung gewinnt.

Jeder Eingriff in das normale Funktionieren der Körperfeuer ist aus zwei Gründen sowohl töricht als auch gefährlich. Die Zentren der parapsychischen Energie im inneren Körper befinden sich über bestimmten Nervenzentren und Drüsen des physischen Körpers, und wenn man sich auf diese Nerven und Drüsen zu stark konzentriert und sie dadurch anregt, kann dies zu Störungen des Gleichgewichts im Körper und zu ernsten körperlichen Krankheiten führen. Außerdem kann das »Anfachen« der Feuer eine bestimmte schützende Schicht des Vitalkörpers zerstören, und dies kann verschiedenste Probleme im physischen wie im paranormalen Bereich verursachen.

In der Loge wird man Sie lehren, mit diesen Dingen richtig umzugehen, und ich werde Ihnen in meinen nächsten Instruktionen die Grundregeln, auf denen diese ungefährlichen Methoden beruhen, mitteilen. Diesmal befasse ich mich nur mit der Erschaffung der zwei Kontaktpunkte, mit denen Sie von oben die Sonnenenergien und von unten die Erdenergien anziehen können. Ich verwende den Begriff »Anziehen«, obwohl diese Kräfte ständig in Sie einströmen. Es geht darum, den Widerstand, den Ihre Persönlichkeit ihnen entgegensetzt, zu verringern. Im Allgemeinen sind wir mit Verdrängungen und starren Denkstrukturen so vollgestopft, dass die Energien abgestoßen werden und nicht frei durch uns hindurch fließen können. Bei dieser Übung öffnen Sie sich den Energien durch einen bewussten Willensakt und ermöglichen es ihnen, Sie zu durchströmen, so dass sie die physischen Kräfte ins richtige Gleichgewicht bringen und die körperliche und geistige Gesundheit wiederherstellen können. Sollte jemand, der all dies zu wissen und zu praktizieren behauptet, ständig unter irgendwelchen gesundheitlichen Störungen leiden, können Sie im Allgemeinen sicher sein, dass er diese Übungen nicht auf die richtige Weise durchführt. Es gibt bestimmte Ausnahmen, aber auch sie bestätigen nur die Regel. Was Sie betrifft, so bin ich überzeugt, dass die Methoden, die ich Ihnen mitteile, Ihnen kaum Probleme bereiten, sondern bald die gewünschten Resultate bringen werden. Ich betone dies, weil Sie sich möglicherweise zu Beginn dieser Arbeit eine Zeit lang körperlich unwohl und vielleicht sogar krank fühlen werden. Der Grund dafür ist die Erweckung der verschiedenen »blockierten« Energien in Geist und Körper. Sobald der Energiekreislauf hergestellt ist, werden diese unklaren, doch lästigen Symptome verschwinden und Sie werden feststellen, dass Sie eine wunderbare Vitalität erfüllt, die allmählich die ganze Persönlichkeit erfasst.

Manchmal kann diese neue Energie, die die Tendenz hat, immer dem mentalen Pfad zu folgen, der sich in unserem Geist bereits etabliert hat, auch bestimmte Triebe anregen, die wir möglicherweise zu unterdrücken versuchen. Vor allem gilt dies für jene, die der Selbsterhaltung dienen: dem Sexual- und dem Herdentrieb. Das Gegenmittel besteht darin, neue Kanäle zu schaffen, durch die die einströmenden Kräfte bald frei fließen werden, so wie ein Fluss in einem neuen Bett auch besser fließt als in einem alten. Auf keinen Fall sollten Sie sich Sorgen machen, wenn Sie merken, dass die erhöhte Vitalität solche Wirkungen in Ihnen hervorruft.

Wegen dieser Möglichkeit warnen manche Lehrer vor diesen Übungen, doch in unserer Schule sind wir der Meinung, dass diese Dinge, wenn man sich ihnen mit der angemessenen Sorgfalt widmet, reguliert und kontrolliert werden können und dass sie deshalb kein besonderes Problem darstellen.

In meinen nächsten Instruktionen werde ich Ihnen sagen, wie man diese Energien in sich aufnehmen kann, und gleichzeitig werde ich Ihnen auch zeigen, wie man verhindern kann, dass sie irregeleitet werden.

KAPITEL XII
SICH VON DER ENERGIE DURCHFLIESSEN LASSEN

In meinen letzten Instruktionen habe ich Ihnen erklärt, wie man die zwei großen Zentren aufbaut, durch die man die für die Arbeit erforderlichen Energien in sich aufnehmen kann. Nun gehe ich einen Schritt weiter und sage Ihnen, wie Sie diese Energien in Ihren Äther- oder Vitalkörper lenken können, von dem aus sie auf alle Bereiche Ihrer Persönlichkeit einwirken werden. Denken Sie bitte daran, dass diese Kräfte nicht in den physischen, sondern in den Ätherkörper fließen müssen. Da alle Zellen Ihres physischen Körpers lebendig sind, besitzen sie Bewusstsein von einer zwar sehr rudimentären Art, aber dennoch Bewusstsein, und das Bewusstsein dieser Millionen lebendiger Zellen befindet sich im Ätherkörper. Deshalb wirken Sie, wenn Sie den Ätherkörper mit diesen Energien aufladen, direkt auf diese Zellen ein.

Die parapsychischen Zentren befinden sich im Bereich der Wirbelsäule, doch sie erstrecken sich bis zur Oberfläche des Ätherkörpers, das heißt, etwa siebeneinhalb Zentimeter über den psychischen Körper hinaus. Es ist sehr wichtig, dass Sie bei diesen vorbereitenden Übungen meine Anweisungen genau befolgen. Versuchen Sie nie, sich auf die Zentren in der Wirbelsäule zu konzentrieren. Es kann sehr unerwünschte Folgen haben, wenn die darin schlummernden Kräfte vorzeitig erweckt werden. Glauben Sie mir, ich verfüge in dieser

Hinsicht nicht nur über theoretisches Wissen. Denken Sie bei all Ihrer Arbeit mit diesen Kräften immer daran.

Es gibt völlig gefahrlose Methoden, auf diese Zentren einzuwirken. Dabei werden bestimmte Symbolbilder als Konzentrationsobjekte benutzt, die ich Ihnen in einem späteren Stadium Ihrer Ausbildung mitteilen werde. Vorläufig halten Sie sich bitte bei der Arbeit mit den Zentren an meine Anweisungen.

Sie werden sich erinnern, dass ich bereits andere Kontaktpunkte erwähnt habe, durch die die Lebensenergien gelenkt werden müssen: Daath, Tifereth und Jesod. Denken Sie daran, dass Sie auch hier Ihre Aufmerksamkeit auf die Punkte an der Oberfläche der Aura richten müssen, nicht auf die tatsächlichen inneren Zentren. Auf dem Baum des Lebens haben die den parapsychischen Zentren entsprechenden Sefiroth bestimmte Farben, doch wenn Sie mit diesen Übungen beginnen, ist es für Sie vielleicht leichter, wenn Sie einfach weiße Lichtkreise auf der Oberfläche des Ätherkörpers visualisieren. Die Sefirah Daath befindet sich über der Kehle, Tifereth über Solarplexus und Herz und Jesod über den Zeugungsorganen.

Studieren Sie diese Anweisungen bitte sehr sorgsam, denn jeder Teil ist von großer Bedeutung und die Übung würde sehr an Wert verlieren, wenn Sie etwas ausließen.

Zuerst erkläre ich Ihnen, welche Haltung Sie einnehmen müssen. Es ist unwichtig, ob Sie flach auf dem Rücken liegen, auf einem Stuhl sitzen oder aufrecht stehen. Am besten ist es, wenn Sie die Gotteshaltung wählen, doch Sie müssen selbst herausfinden, welche dieser drei Haltungen für Sie die beste ist. Ich kenne auch Menschen, die es am besten finden, diese Übung in kniender Haltung durchzuführen. Bei diesen Dingen gibt es einen großen Spielraum; wenn man das ihr zu Grunde liegende Prinzip begriffen hat, ist die Haltung von zweitrangiger Bedeutung. Bei den Übungen, die Sie später im fortgeschrittenen Stadium machen werden, müssen Sie bestimmte vorgeschriebene Haltungen einnehmen und dabei sind Abweichungen nicht erlaubt. Im Moment jedoch können Sie die Haltung wählen, die Ihnen am besten erscheint. Wenn Sie sie gefunden haben, behalten Sie sie aber bitte bei.

Beginnen Sie nun mit einer einfachen Atemübung. Vergessen Sie vorläufig alles, was Sie vielleicht über Prana und seinen Zusammenhang mit der Atmung gehört haben. Es stimmt, dass man die Aufnahme dieser Art von Lebensenergie beträchtlich steigern kann, wenn man auf eine bestimmte Weise atmet, doch dies ist nicht der Zweck der jetzigen Übungen.

Sie haben durch Visualisierung zwei Zentren aufgebaut, eins über dem Kopf und eins unter den Füßen. Je deutlicher Sie sie gebildet haben, um so wirkungsvoller ist diese Übung.

Das ist etwas, was viele Schüler erst herausfinden müssen! Wenn er sein Magisches Tagebuch »gefälscht« hat, stellt es sich spätestens jetzt heraus, auch wenn er bisher damit davongekommen ist. Doch wenn er diese Übungen durchzuführen versucht, gelingt es ihm nicht. Sie haben sich jedoch, wie ich aus anderen Quellen weiß, mit den Grundübungen große Mühe gegeben, und so bin ich sicher, dass Sie imstande sind, sie erfolgreich durchzuführen.

Sitzen, stehen, liegen oder knien Sie in der von Ihnen gewählten Haltung und visualisieren Sie das Zentrum über Ihrem Kopf als eine glühende Kugel oder Sphäre aus reinem, weißem Licht. Visualisieren Sie dieses Licht so stark, dass die Strahlen aus ihm heraus treten und Ihren ganzen Körper durchdringen. Ruhen Sie eine Weile in dem weißen Licht; baden Sie darin und lassen Sie es in Ihren völlig entspannten Körper eindringen. Dann konzentrieren Sie sich auf das Zentrum der strahlenden Sphäre, stellen Sie sich vor, dass Sie einen Strom weißen Lichts in sich einströmen lassen und holen Sie dabei tief Luft. Obwohl Sie durch die Nase physische Luft einatmen, müssen Sie sehen und spüren, wie dieser Strom strahlender Energie aus dem Zentrum der Lichtsphäre über Ihrem Kopf in Sie einfließt. Dieser Lichtstrahl sollte für den Moment als lebendig empfunden und im Solarplexus-Zentrum (Tifereth auf dem Baum des Lebens) gespeichert werden. Nun ist die Lunge mit Luft und der Solarplexus mit Energie gefüllt. Atmen Sie aus und stellen Sie sich dabei bildlich vor, dass Sie die gespeicherte Energie in Form eines Lichtstrahls abwärts durch das Jesod-Zentrum in die wirbelnde farbige Kugel unter Ihren Füßen projizieren. Ich habe bewusst nicht das Zentrum über der Kehle erwähnt, das wir der Sefirah Daath zuordnen. Dies hat einen guten Grund. Daath ist ein Sammelpunkt für völlig andere Arten von Energien, die aus einer anderen Dimension kommen, mit denen wir vorläufig nichts zu tun haben. Daath wird erst später in Erscheinung treten.

Jetzt kommt der zweite Teil dieser Übung. Die aufgespeicherte Energie, die Sie hinab zum Erdzentrum projiziert haben, muss nun durch eine entsprechende Ladung, die aus dem Erdkontaktpunkt unter den Füßen eingezogen wird, ersetzt werden. Visualisieren Sie das vielfarbige Erdzentrum unter den Füßen, atmen Sie wieder ein und stellen Sie sich vor, dass

Sie die Energie als einen Strahl orangefarbenen Lichts durch das Jesod- und Tifereth-Zentrum in das Zentrum über dem Kopf strömen lassen. Atmen Sie nun aus und lassen Sie beim nächsten Einatmen wieder das strahlend-weiße Licht in sich einfließen. Damit ist die erste Übung beendet. Sie sollten sie anfangs nicht öfter als sechs Mal durchführen. Vielleicht werden Sie feststellen, dass dies bereits zu viel für Sie ist. In diesem Fall gehen Sie auf die Hälfte herunter, bis Sie sich imstande fühlen, wieder auf das Maximum zu erhöhen.

Wie bei allen diesen Dingen gibt es hier individuelle Unterschiede, wobei es schwierig ist, feste Regeln aufzustellen. Sie müssen selbst herausfinden, welche Vorgehensweise die für Sie beste ist. Eins jedoch steht fest: Sie dürfen diese Übung auf keinen Fall mit irgendwelchen Praktiken aus Arthur Avalons »Schlangenkraft« oder ähnlichen Büchern vermischen. Sollten Sie gegen diese Vorschrift verstoßen, so werde ich Ihnen keine weiteren Instruktionen mehr erteilen und Ihre Ausbildung abbrechen. Nehmen Sie diese Mahnung bitte ernst. Ich weiß, dass die Versuchung, »Blaubarts Kammer« zu betreten, sehr groß sein kann (ich habe es selbst erlebt), doch es geht nicht nur darum, nicht gegen die Vorschriften zu verstoßen. Diese Energien sind im guten wie im bösen Sinn sehr mächtig, und wenn Sie die Übungen mit solchen, die zu einem anderen Ausbildungssystem gehören, vermischen, bringen Sie die feinstofflichen Kräfte in Ihrem Innern aus dem Gleichgewicht, was körperlich wie psychisch sehr negative Folgen haben kann. Auch in diesem Fall zitiere ich nichts, das ich irgendwo gelesen habe, sondern spreche über eigene Beobachtungen. Ich hoffe also, dass Sie sich strikt an die Anweisungen halten werden, denn nur so ist die Gefahrlosigkeit dieser Übungen gewährleistet. Überdies werden Sie selbst feststellen, dass Sie mit diesen Übungen auch ohne irgendwelche Hinzufügungen genug zu tun haben.

Wenn Sie diese erste Übung völlig beherrschen, können Sie mit der zweiten beginnen, die wieder bei dem strahlenden Zentrum über dem Kopf beginnt.

Nehmen Sie Ihre gewohnte Haltung ein und visualisieren Sie das strahlende Zentrum über dem Kopf, doch stellen Sie sich jetzt vor, dass es einen Lichtstrom aussendet, der Ihren ganzen Körper umfasst. Nach meinen Erfahrungen gelingt das am besten, wenn man das Zentrum der Strahlung als einen Punkt in einem »Wasserfall aus Licht« visualisiert, als blicke man auf die höchste Stelle eines Wasserfalls und sehe über seiner Mitte die Sonne hervorkommen.

Stellen Sie sich nun vor, dass das Licht vor Ihnen herab strömt und Ihre Füße umhüllt. Lenken Sie es schnell durch das Erdzentrum unter ihnen und lassen Sie es hinter Ihrem Körper über die Schultern und den Nacken zum Zentrum über dem Kopf ansteigen. Atmen Sie während dieser Visualisierung wie folgt: Wenn Sie zu Beginn das Kronenchakra visualisieren, atmen Sie ein, und wenn Sie ausatmen, stellen Sie sich vor, dass das Licht vor Ihnen herab strömt. Wenn Sie wieder einatmen, visualisieren Sie, dass das Licht hinter Ihnen ansteigt, wie ich es beschrieben habe. Wenn es ins Kronenchakra zurück geströmt ist, atmen Sie aus, und wenn Sie danach einatmen, richten Sie Ihre Aufmerksamkeit auf dieses Zentrum. Damit ist ein Zyklus abgeschlossen. Die vollständige Übung sollte mehrmals wiederholt werden, doch anfangs nicht öfter als die erste Übung.

Die nächste Übung ähnelt der ersten, doch jetzt lassen Sie

das Licht über die linke Schulter, die linke Seite hinunter, unter die Füße und durch das Erdzentrum strömen und dann die rechte Seite hinauf zum Kronenzentrum. Atmen Sie ein, wenn Sie sich zu Beginn auf das Kronenzentrum konzentrieren; atmen Sie aus, wenn das Licht die linke Seite hinab strömt; atmen Sie wieder ein, wenn es die rechte Seite hinauf strömt, und atmen Sie aus, wenn es ins Kronenzentrum zurück fließt. Machen Sie diese Übung so oft wie die erste.

Nun sind Sie bereit für die letzte Übung. Sie ziehen das strahlend-weiße Licht aus dem Kronenzentrum und stellen sich vor, dass Sie ein breites Lichtband um Ihren Körper winden, als würde eine ägyptische Mumie mit einem Leinenverband umwickelt werden. Wickeln Sie das Lichtband von der rechten zur linken Seite um den Körper und dann von der linken Seite zur rechten. Tun Sie dies, bis Sie die Füße erreicht haben und verfahren Sie in der vorherigen Weise, wickeln Sie dann jedoch das Lichtband in der gleichen Richtung aufwärts um den Körper, bis Sie über dem Kopf angelangt sind. Atmen Sie bei der anfänglichen Konzentration auf das Kronenzentrum ein, und atmen Sie aus, wenn Sie das Lichtband abwärts um den Körper winden; wenn Sie aufwärts gehen, atmen Sie ein, und wenn Sie das Kronenzentrum wieder erreichen, atmen Sie aus. Machen Sie diese Übung ebenfalls nicht öfter als die anderen.

Bis jetzt haben Sie die Energie aus dem strahlenden Zentrum über dem Kopf gezogen. Doch dies war nur ein Anfang, die Erschaffung eines Kanals, durch den die Energie fließen kann. Nun müssen Sie die Schleusentore öffnen, damit die Energie Sie mit viel stärkerem Druck durchströmen kann. Dies müssen Sie nach eigenem Ermessen tun. Denken Sie stets daran, dass diese Kräfte, obwohl sie ihrer Herkunft und ihrem Wesen nach göttlich sind, wie jede andere Kraft in diesem manifestierten Universum falsch eingesetzt werden können. Das heißt: Lassen Sie durch die Schleusen nicht mehr Energie einströmen, als Sie bewältigen können.

Wie viel Energie Sie aus dem strahlenden Zentrum in sich einströmen lassen können, müssen Sie selbst spüren. Wenn Sie dieses Zentrum als den positiven Pol der kosmischen Batterie betrachten, dürfte Ihnen klar werden, dass Sie Methoden zur Regulierung dieser ungeheuren Energie benötigen. Dies gilt ebenso für das feurige Zentrum unter den Füßen. Hier ist der Schlüssel zur Kontrolle der einfließenden Energie. Sie haben das Symbol des Lebensbaums studiert und darüber meditiert und sich sicher gemerkt, dass jede Sefirah sozusagen einen Baum in sich enthält.

Unser Wachbewusstsein ist hier auf Erden in Malkuth konzentriert und in den meisten Fällen in Malkuth in Assiah. Das bedeutet, dass wir uns normalerweise mit dem dichtesten und restriktivsten Aspekt des Erdreiches identifizieren.

Sie müssen lernen, für die Dauer dieser Übung Ihr Bewusstsein in Jesod von Malkuth zu konzentrieren; das heißt, Sie müssen bei der Anrufung große Zurückhaltung üben. Sie können selbst entscheiden, welche Worte Sie zur Anrufung benutzen wollen. Ich verwende die folgenden: »Eine Fülle an Kraft, Liebe und Weisheit durchströme mich.« Dies ist die Grundform. Je nach der Energieebene, mit der Sie Kontakt aufnehmen wollen, muss diese kontrollierende Idee abgewandelt werden.

Wenn Sie in Jesod von Malkuth arbeiten wollen, sollte Ihre Anrufung etwa so lauten: »Unendliche Kraft, Liebe und

Weisheit, die in allen Dingen sind, mögen jetzt durch den Hochheiligen Gabriel in mich strömen und die von mir erschaffenen Entsprechungen gestalten und korrigieren.«

Wenn Sie das Zentrum visualisieren, stellen Sie es sich nicht nur als leuchtende Sphäre vor, sondern als eine Quelle intensiver, starker Energie, die machtvoll in die von Ihnen erschaffenen Kanäle strömt; als eine positive, nicht negative Energie.

Visualisieren Sie auf die gleiche Weise das Erdzentrum als eine Quelle starker Energie. Wenn Sie die Anrufung richtig, das heißt voller Aufrichtigkeit, durchgeführt haben, dann besteht nicht die Gefahr, dass zu viel kosmische Energie durch die Kanäle strömt, sondern eine automatische Regulierung stattfindet.

Sicher werden manche sagen: »Von der Göttlichen Kraft kann man doch nie zu viel bekommen; sie ist doch etwas Gutes.« Die Antwort lautet, dass man sehr wohl von etwas Gutem zu viel bekommen kann, wie in Tennysons »Idylls of the King« der sterbende König Artus zu Sir Bedivere sagt. Übrigens ist dies ein Gedicht, das sich zu lesen lohnt, sollten Sie sich für Poesie interessieren. Trotz Ihre viktorianischen Stils tragen diese Gedichte viel von Sir Thomas Malorys »König Arthur und die Ritter der Tafelrunde« in sich. Überhaupt ist die gesamte Artus-Legende ist eine Fundgrube für eine wundervolle Lehre voller Allegorien und Symbolik. Versuchen Sie, »Idylls of the King« oder Malory mikrokosmisch zu lesen; das heißt, lassen Sie die Hauptcharaktere einmal die grundsätzlichen Teile Ihres eigenen Selbst repräsentieren, Ihr Ego, Ihren psychologischen »Schatten« und so weiter. Sie werden es sicher als sehr interessant und hilfreich empfinden.

Doch wenden wir uns wieder der Anrufung der Energie zu. Wenn Sie das Einströmen der kosmischen Lebensenergie in die von Ihnen erschaffenen Kanäle richtig regulieren, dann wirkt sie sanft, aber machtvoll auf die verschiedenen Aspekte Ihres Wesens ein; und wenn sie, wie dies meist der Fall ist, einige der Komplexe in Ihrem persönlichen Unbewussten auflöst, überflutet die freigesetzte Energie nicht unkontrollierbar Ihr Bewusstsein, sondern Ihr psychisches System absorbiert sie auf eine Weise, dass es von ihr gestärkt und nicht überwältigt wird.

Während vieler Jahre der Arbeit und des Studiums auf diesem Gebiet bin ich zahlreichen Menschen begegnet, die aus Unwissenheit oder Vermessenheit die kosmische Lebensenergie auf unkontrollierte Weise in sich aufzunehmen versuchten, und ich habe viele Probleme und in einigen Fällen die Katastrophen gesehen, die diese Unbesonnenheit zur Folge hatte.

Ich bitte Sie deshalb, diese Anleitungen zur Kontrolle der kosmischen Energie sehr sorgfältig zu studieren. Denken Sie stets daran, dass Sie in diesem Stadium in Jesod von Malkuth, in der Welt von Assiah arbeiten. Sie ziehen diese Urkraft durch die Regenbogenaura der Äthersphäre dieser physischen Welt in sich ein. Denken Sie nicht, dass Sie schon weit fortgeschritten sind. Das Gefühl der Kraft und die klare Wahrnehmungsfähigkeit, die eine Folge des Kontakts mit der einströmenden Lebensenergie sind, führen dazu, dass Sie sich größer vorkommen als Sie sind und dies kann das falsche Ego mit einem gefährlichen Stolz erfüllen.

KAPITEL XIII
ROMANTISCHE VORSTELLUNGEN ÜBER DIE RITUELLE MAGIE

Die Instruktionen, die ich Ihnen heute schicke, enthalten einige einführende Informationen über Rituale und Zeremonien. Wenn alles gut geht, werden Sie Mitglied einer Loge, die sich mit ritueller Arbeit beschäftigt. Deshalb ist es erforderlich, Ihnen eine klare Vorstellung von der Natur und den Nutzen dieser Arbeit zu vermitteln. Der grundsätzliche Unterschied zwischen Ritual und Zeremonie besteht darin, dass man mit »Ritual« das bezeichnet, was getan wird, und mit »Zeremonie« die Art und Weise, wie es getan wird, doch im allgemeinen Sprachgebrauch bedeuten beide Begriffe das Gleiche.

Wie ich schon sagte, herrschen bei den Spiritualisten und in bestimmten esoterischen Kreisen starke Vorurteile gegenüber Ritualen und Zeremonien; deren Anhänger sprechen verächtlich von den »Dogmen, Glaubensbekenntnissen und Ritualen der christlichen Kirche«, während man aus östlichen Quellen stammende seltsame Gebräuche als »Methoden, mit denen unsere orientalischen Brüder arbeiten« bezeichnet, wie ich bei einem Vortrag einmal hörte.

Es gibt einen sehr guten Grund für die Abneigung der Spiritualisten gegenüber Zeremonien seitens der Protagonisten des Spiritismus und er ist weitgehend psychischer Art und beruht auf bestimmten subjektiven Faktoren. Es gibt Menschen, die eine ihrem Naturell gemäße Vorliebe für eindrucksvolle Zeremonien haben, und diese schließen sich natürlich Gruppen an, die solche Zeremonien durchführen. Andere hingegen finden Zeremonien abstoßend. Wir können also sagen, dass es zwei verschiedene extreme Typen gibt, Anhänger und Gegner von Zeremonien, und zwischen diesen beiden Extremen noch die verschiedensten Zwischenstufen.

Nun wissen die meisten Menschen, die sich esoterischen Gruppen anschließen, entweder nichts über Zeremonien, oder sie lehnen sich gegen die formelle, orthodoxe Art und Weise auf, in der die christlichen Kirchen diese Zeremonien praktizieren. Meist erstreckt sich die Auflehnung gegen bestimmte christliche Bräuche, auch auf das System des Gottesdienstes, sowie auf die »Glaubensüberzeugungen und Dogmen«. Da diese Denkweise unlogisch ist, will ich mich etwas eingehender damit beschäftigen, denn mir liegt daran, dass Sie an diesen sehr wichtigen Teil Ihrer Arbeit ohne unbewusste Vorurteile, aber auch ohne eine zu positive Einstellung herangehen.

Lassen Sie uns zunächst das Wort »Glaubensbekenntnis« betrachten. Es kommt, wie Sie sicher wissen, von dem lateinischen Wort Credo: »Ich glaube«, und das Glaubensbekenntnis ist somit Bekundung des Glaubens eines Menschen oder einer Gruppe von Menschen. Jede Gruppierung, ob religiös oder weltlich, basiert auf dem Glauben ihrer Anhänger, die ihr »Glaubensbekenntnis« verfassen.

Nun zu den »Dogmen«. Wenn Sie Ihren Glauben an bestimmte Dinge auf eindeutige und klare Weise formulieren, ist dies ein Dogma, denn dieser Begriff bedeutet einfach, dass Sie auf Grund Ihres Glaubens bestimmte klare Behauptungen aufstellen.

»Rituale und Zeremonien« sind, wie ich schon sagte, Handlungen, die auf eine bestimmte Weise durchgeführt werden. Dies geschieht aber nicht nur auf dem Gebiet der Religion, sondern unser ganzes Leben besteht aus Ritualen. Wir tun Dinge auf eine bestimmte Weise und benutzten dazu andere Dinge, um dieses »Ritual« zu schaffen. Der Esstisch wird auf eine gewohnte, rituelle Art gedeckt, indem man Messer, Gabeln und Löffel in einer bestimmten Ordnung hinlegt, die es ermöglicht, das Ritual des Essens in der bestmöglichen Weise durchzuführen. Im Büro oder in der Werkstatt entwickeln wir bestimmte Gewohnheiten, die uns befähigen, unsere Arbeit mit einem Minimum an Anstrengung und einem Maximum an Effizienz zu tun. Im Fall der Werkstatt finden wir oft ein Ritual, das von »Zeit und Motivation« bestimmt ist. So ist unser ganzes Leben von Ritualen und Zeremonien bestimmt.

Sogar bei den Quäkern, den größten Gegnern religiöser Rituale, gibt es ein Ritual der »inneren Sammlung«, das darin besteht, bei ihren Gottesdiensten Schweigen zu bewahren, und so hat ihr Bestreben, Rituale zu vermeiden, rituelle Formen angenommen.

Im Fall der esoterischen Bewegungen und gerade in spiritualistischen Kirchen wird eine ziemlich verstümmelte Form der Katechumenen-Messe benutzt. Dies ist der erste Teil der christlichen Eucharistie, der in der Frühzeit der einzige Teil des Gottesdienstes war, an dem Ungetaufte und Katechumenen (Taufbewerber) teilnehmen durften.

Seltsamerweise scheinen die Mitglieder esoterischer Vereinigungen die wirkliche Macht und Funktion des Rituals nie begriffen zu haben. Ich sage »seltsamerweise«, denn gerade sie müssten doch die Gründe für seinen Gebrauch erkennen, da sie doch behaupten, übersinnliche Fähigkeiten zu entwickeln und anzuwenden. Rituale und Zeremonien entfalten ihre Macht und Wirkung nämlich im psychischen und parapsychischen Bereich.

Die üblichen Einwände gegen den Gebrauch von Ritualen und Zeremonien basieren weitgehend auf Vorurteilen und sind ein Vermächtnis der Reformation. Sie werden mit den Praktiken der römisch-katholischen Kirche gleichgesetzt und deshalb kurzerhand verdammt. Falls Sie Mitglieder der verschiedenen protestantischen Kirchen befragen, würden Sie feststellen, dass nur sehr wenige Laien eine auch nur vage Vorstellung davon haben, was die römisch-katholische Kirche heutzutage tut oder warum sie es tut. Dies ist aus vielen Gründen bedauerlich, vor allem aber deshalb, weil es eine vernünftige Diskussion über diese Dinge so gut wie unmöglich macht. Die östliche orthodoxe Kirche wird selten berücksichtigt und viele halten sie für eine Art Ableger der römisch-katholischen Kirche.

Weihrauch und Messgewänder sind zwei Dinge, die ebenfalls irrationale Vorstellungen auslösen. Die gleichen Menschen, die Einwände gegen die Verwendung von Weihrauch in der christlichen Kirche erheben, zünden in ihrem Séance- oder Meditationsraum unbekümmert orientalische Räucherstäbchen zweifelhafter Herkunft an.

Etwas eingehenderer Betrachtung bedürfen die Messgewänder, denn wenn Sie der Loge beitreten, werden Sie auch die feierliche Robe Ihres Grades tragen. In der Frühzeit der christlichen Kirche trugen die Geistlichen das damals übliche »Sonntagsgewand«; natürlich auch aus Sicherheitsgründen, da die Christen ja verfolgt wurden. Im Lauf der Zeit änderte sich die Mode, doch die altmodische Kleidung der Geistlichen blieb erhalten und später wurde sie mit symbolischen Verzierungen versehen. So entwickelten sich im Lauf der Jahrhunderte die Messgewänder.

Falls Sie Kontakte zu Geistheilern in den spiritualistischen Kirchen haben, werden Sie sicher schon die weißen Mäntel bemerkt haben, die sie bei ihrer Tätigkeit tragen. Anfangs war das eine Nachahmung der Mäntel, die das medizinische Personal in Krankenhäusern trägt. Diese sterilisierten Mäntel sind in solchen Häusern Teil der antiseptischen Vorkehrmaßnahmen und wären in dieser Beziehung auch für Geistheiler nützlich. Viele von ihnen tragen jedoch Mäntel, die eindeutig weder sterilisiert noch weiß sind und in Wirklichkeit eine Art Amtstracht darstellen. Es scheint durchaus möglich, dass sich im Lauf der Zeit auf ähnliche Weise wie die kirchlichen Messgewänder »Heilgewänder« entwickeln werden.

Schließlich möchte ich Ihre Aufmerksamkeit noch auf die am stärksten antirömische und nicht-sakramentale christliche Institution lenken – die Heilsarmee. Deren verdienstvolle Tätigkeit – eine Arbeit, an die der durchschnittliche Kirchenmann nie auch nur denkt – soll hier nicht geleugnet werden. Glauben Sie bitte nicht, dass ich diese Arbeit in irgendeiner Weise herabsetzen möchte. Es ist jedoch interessant, dass die Heilsarmee zwar die katholischen Messgewänder aus tiefstem Herzen missbilligt, jedoch nicht nur ihre Geistlichen, sondern alle ihre Mitglieder mit einer besonderen Uniform ausstattet, also auch mit einem rituellen Gewand!

Vielleicht finden Sie meine Äußerungen über diese verschiedenen Gruppen allzu kritisch, doch manchmal ist es notwendig, die andere Seite des Bildes zu zeigen, um die allgemeinen Ansichten über den Gebrauch oder Missbrauch dieser Dinge zu korrigieren.

An sich sind sie von zweitrangiger Bedeutung, denn man kann das Abendmahl feiern, seine Andacht verrichten und esoterische Übungen durchzuführen, ohne eine besondere Kleidung zu tragen.

Doch bei all diesen Dingen sind Rituale und Zeremonien, besondere Gewänder und Weihrauch sehr wertvolle Hilfsmittel, die ihren Sinn haben, wie Sie selbst feststellen werden, wenn Sie der Loge beitreten.

Nun möchte ich noch einiges über die Bedeutung der in den Logen gebräuchlichen Rituale und Zeremonien und die von ihnen ausgehenden Wirkungen sagen. An erster Stelle steht ihr rein psychologischer Wert. Dadurch, dass Dinge auf eine bestimmte Weise getan werden, wird etwas »vor Augen geführt«. Bekanntermaßen funktioniert das Unterbewusstsein hauptsächlich auf Grund bildlicher Vorstellungen und mittels der rituellen Handlungen werden ihm solche dargeboten.

Mit den verschiedenen rituellen Handlungen wird eine Geschichte erzählt, und dies auf eine Weise, die für das Unterbewusstsein der Teilnehmer verständlich ist. Das Ritual ist so aufgebaut, dass die den Teilnehmern vermittelten Bilder mit uralten archetypischen Vorstellungen in den Tiefen des Geistes übereinstimmen und dass diese mit Energie geladenen Bilder aus der Tiefe emporsteigen und stark auf die Persönlichkeit einwirken. Dies ist der Hauptzweck der in den magischen Logen durchgeführten Rituale und Zeremonien. Die Energie wird in die bewusste Persönlichkeit gelenkt, wo sie in allen Bereichen ihre Wirkung entfaltet, wodurch sofort oder allmählich eine deutliche Bewusstseinsveränderung herbeigeführt wird.

In vielen Logen werden bei den verschiedenen Ritualen Roben mit einer Kapuze getragen, die über den Kopf gezogen werden kann, so dass der Träger nicht zu erkennen ist. Dies ist sehr hilfreich, weil es die Ablenkung der anderen Teilnehmer verhindert und für Unpersönlichkeit sorgt. Natürlich machen die einzelnen Persönlichkeiten das Ganze eines Rituals aus, aber in diesem Team stellen wir keine hervorstechenden Persönlichkeiten aus; das Ritual stellt ja eine gemeinschaftliche Handlung dar. Auf ähnliche Weise betonen auch die Gewänder des katholischen Priesters dessen Unpersönlichkeit, denn er führt ein magisches Ritual durch, bei dem seine Persönlichkeit nicht in Erscheinung treten soll.

Es gibt noch einen anderen Grund, weshalb die Teilnehmer an magischen Ritualen Roben tragen. Durch das Anlegen einer anderen Kleidung findet eine Einstimmung auf den Geist der Zeremonie statt. Wenn man das zeremonielle Gewand anlegt, wird die Aufmerksamkeit von der äußeren Welt abgezogen und auf die subjektive Welt gerichtet, in der man zu arbeiten gedenkt. Um dies zu verdeutlichen, bitte ich Sie, an Ihre Kindheit zurückzudenken und sich in Erinnerung zu rufen, wie Sie sich mit Hilfe einiger Kleidungsstücke eine Welt der »Räuber und Gendarmen« oder der »Cowboys und Indianer« erschufen. Die Kleidung hilft, einen bestimmten geistigen Rahmen zu schaffen, und während der Zeremonie erinnert sie ständig an die durchzuführende Aufgabe.

Ein Wort noch zu Ihrer Robe. Für die alltägliche Meditationsarbeit und bei den Übungen, die ich Ihnen aufgetragen haben, ist nicht unbedingt notwendig, dass Sie eine besondere Kleidung tragen, doch eine »Meditationsrobe« ist dennoch von Vorteil. In der Loge trägt man eine einfache, locker sitzende Robe, in die man leicht hinein schlüpfen kann. Am besten ist es, wenn Sie sich eine mit einer Kapuze versehene Robe beschaffen, die Sie über den Kopf ziehen können. Es ist erstaunlich, wie gut man sich damit von der äußeren Welt isolieren kann.

Nun müssen Sie das von mir Gesagte auf Ihre eigene Weise in die Praxis umsetzen. Obwohl es sehr klare okkulte Regeln gibt, bleibt bei all diesen Dingen vieles der »Begabung« des Einzelnen überlassen. Machen Sie sich eingehend mit den Prinzipien vertraut und richten Sie sich nach ihnen auf Ihre eigene Art und Weise. In meinen bisherigen Büchern habe ich einige der Prinzipien dargelegt, und innerhalb der Ihnen auferlegten Regeln haben Sie die Freiheit, ein wenig zu experimentieren. Scheuen Sie sich nicht davor, doch betrachten Sie dies nicht als Erlaubnis, die Ihnen erteilten Übungen nach Belieben zu verändern.

Abgesehen von dem psychologischen Aspekt haben die Rituale und Zeremonien auch einen sehr realen psychischen Aspekt, auf den ich noch kurz eingehen möchte. Sie wissen bereits, dass wir durch ein magisches Ritual eine innere Struktur errichten, die es uns ermöglicht, die Energien, die wir in die Bereiche der Persönlichkeit einströmen lassen wollen, zu konzentrieren und zu lenken, und dies geschieht durch die Sprache »verwobener Schritte und winkender Hände«.*

---

* Butler bezieht sich hier auf die rituellen Bewegungs- und Handlungsabläufe, die bei einem Ritual ausgeführt werden (»woven paces and waving hands«) (Anm. des Hrsg.).

Glauben Sie aber bitte nicht, dass die Durchführung eines Rituals ohne eindeutige mentale »Absicht« viele Ergebnisse hervorbringen wird, außer vielleicht einem besseren Ideenfluss und einer leichten Energiesteigerung. Die Ritualarbeit muss immer die äußere Entsprechung der inneren Absicht sein.

Führen Sie jedoch ein Ritual »mit einer Intention« durch, wie wir sagen, dann erschaffen Sie klare Gedankenbilder und diejenigen von uns, die über hellseherische Fähigkeiten verfügen, können sehen, dass diese Gedankenbilder aus der formbaren Substanz des Astrallichts bestehen. Diese Bilder bilden die Kanäle für die Energien, die wir in unsere persönliche Sphäre herabrufen.

Wir bauen eine zusammengesetzte Gedankenform auf und aus diesem Grund ist die Terminologie des Baugewerbes gut anwendbar und wird von den meisten rituellen Orden benutzt. Sie haben davon sicher schon in Zusammenhang mit den sehr verdienstvollen Freimaurerlogen gehört. (Die meisten ihrer Mitglieder dürften vom Aufbau einer Gedankenform noch nie etwas gehört haben, doch das ändert nichts an der Tatsache, dass sie, falls sie mit innerer Überzeugung an Ritualen teilnehmen, solche Formen erschaffen.)

Nun noch ein Wort der Warnung. Was mit Absicht durch ein Ritual aufgebaut wurde, kann auch durch ein entsprechendes Ritual mit Absicht zerstört werden. Deshalb ist es notwendig, über die Erschaffung von Gedankenformen und alles, was damit zusammenhängt, Stillschweigen zu bewahren. Dies ist der wahre Grund, warum die Logen ihre Tätigkeit geheim halten. Es ist durchaus nicht so, dass niemand die allgemein gebräuchlichen Rituale kennt, denn sie wurden oft veröffentlicht. Wichtig ist, dass die Arbeitsweise der betreffenden Loge geheim gehalten wird. Jede Loge hat ihre eigenen »Kontakte«, wie wir sagen, und das ist die Art ihrer rituellen Arbeitsweise und muss geheim gehalten werden.

Der große Psychologe C. G. Jung hat über die Verschwiegenheit der Okkultisten einige ziemlich kritische Bemerkungen gemacht: Er meint zu Recht, dass es möglich ist, hinsichtlich der geheimen Arbeit eine Art »Schuldkomplex« zu entwickeln und gegenüber jenen, die »nicht zu uns gehören«, eine ablehnende Haltung einzunehmen. Das ist natürlich möglich, doch wenn die Loge gut geleitet wird, werden alle ihre Aktivitäten mit dem Alltagsleben der Brüder in Einklang stehen, und dann bedeutet diese Geheimhaltung nicht mehr als ein Schild an der Tür einer Werkstatt mit der Aufschrift: »Zutritt verboten – Hier wird gearbeitet.«

Es ist natürlich wohl bekannt, dass viele Geheimgesellschaften für politische Zwecke missbraucht wurden, und in vielen Fällen für subversive politische Zwecke. In den wahren Logen jedoch hat Parteipolitik gleich welcher Art keinen Platz. Alle Logenbrüder haben die gleichen Rechte und Pflichten, und Ziel der Loge ist die Bildung und Verwandlung des Charakters. Es wird kein Versuch unternommen, sich in politische Angelegenheiten einzumischen, weder offen noch auf versteckte Weise. In der Vergangenheit hat sich immer wieder die Torheit solcher Versuche erwiesen. Ein bekanntes Beispiel dafür sind die Bestrebungen der polnischen Chassiden, die napoleonischen Kriege in Europa zu beeinflussen.

In die Gruppengedankenform, die durch ein Ritual aufgebaut wird, werden an bestimmten Schwerpunkten die aus den tieferen Schichten des kollektiven Unbewussten aufsteigenden Einflüsse in Kontakt mit der Gruppe gebracht, und sie laden die Form mit ihrer speziellen Energie auf. Die Offiziere der Loge kontaktieren diese bestimmten Punkte. Sie werden dadurch zu Kanälen, durch die die betreffenden Energien in die Gedankenform fließen und sie aufladen.

Deshalb wird hinter jedem Offizier eine bestimmte Figur aufgebaut, die die mit seinem oder ihrem Amt verbundene Macht symbolisiert. Diese telesmatischen Bilder werden von den betreffenden Offizieren sowie den hochgradigen Brüdern visualisiert, die anwesend sind. Sie sind Teil eines Mechanismus, durch den die aus dem kollektiven Unbewussten aufsteigenden Kräfte in die Gruppe geleitet werden. Sie haben bestimmt schon von ihnen als »Gottformen« gehört, und Sie werden lernen, solche Formen zu erschaffen und in einem späteren Stadium werden Sie die Fähigkeit erwerben, die Formen mit den Kräften, die sie symbolisieren und denen sie als Kanal dienen sollen, zu verbinden.

Ich bin hierauf nur eingegangen, damit Sie sehen, wie wichtig Ihre »Fünf-Finger-Übungen« im Visualisieren sind. Vielleicht hilft es Ihnen in jenen »Dürreperioden«, in denen sich der Himmel verdüstert und Sie den Eindruck haben, alle schon erlangten Fähigkeiten wieder verloren zu haben.

Ich denke, ich habe Ihnen alles gesagt, was in diesem Stadium Ihrer Ausbildung nötig ist, und ich bitte Sie, eingehend darüber zu meditieren, und ich meine damit auch meditieren. Die Auswirkungen dessen, was ich Ihnen erzählt habe, sind von größter Bedeutung, und regelmäßige Meditation wird Ihnen helfen, sie zu verstehen.

In meinen nächsten Instruktionen werde ich versuchen, auf die Schwierigkeiten, die Ihnen die Ausbildung zu bereiten scheint, einzugehen und nach Möglichkeit etwas Licht auf sie werfen. Doch fahren Sie auf jeden Fall mit den Übungen fort, ganz gleich, ob alles glatt geht oder nicht. Begehen Sie nicht den Fehler, sie zu unterbrechen, bis Sie wieder von mir hören. Dies kann ein subtiler Weg sein, um Ihre Arbeit zu vereiteln, und das Unterbewusstsein bedient sich solcher Mittel.

Andererseits stehen Sie, da Sie von der Loge ausgebildet werden, natürlich unter deren Schutz und sollten Sie nicht mehr weiter wissen, zögern Sie nicht, um Hilfe zu rufen – sie wird Ihnen kurzfristig gewährt.

KAPITEL XIV
LÖWEN AUF DEM WEG

Ihrem monatlichen Bericht entnehme ich, dass Sie einige Schwierigkeiten haben, Ihre Übungen durchzuführen und dass diese Schwierigkeiten aus Ihnen selbst kommen und nicht mit den äußeren Bedingungen zusammenhängen. Der Ton Ihres Briefes lässt darauf schließen, dass Sie stark deprimiert sind und erwägen, das Ganze aufzugeben.

Ich habe mit diesen Schwierigkeiten gerechnet; sie sind ein Zeichen dafür, dass Sie sich wirklich bemüht haben, meine Anweisungen in die Praxis umzusetzen. Lassen Sie mich erklären, warum ich auf diese »Löwen auf dem Weg«, wie sie manchmal genannt werden, gewartet habe. Als Sie mit Ihren Übungen begannen, waren Sie voller Begeisterung und dazu entschlossen, alles in Ihrer Macht Stehende zu tun, um meine Anweisungen zu befolgen. Vielleicht betrachteten Sie, wie ich zu Beginn meiner Ausbildung, das Ganze als ein aufregendes Abenteuer wie das, das König Artus' Ritter der Tafelrunde erlebten? Wahrhaftig, das ist ein großes Abenteuer, doch es muss in der richtigen Perspektive betrachtet werden.

Eigentlich sind die Geschichten um König Artus und die Ritter der Tafelrunde romantische Darstellungen einer sehr alten und wunderbaren Lehre. Haben Sie aber schon einmal an die harte Arbeit gedacht, die ein Ritter während seiner Ausbildung verrichten musste? An seine lange Lehrzeit als Knappe, an die anstrengenden Übungen auf dem Turnierplatz mit

Schwert und Lanze, mit Speer und Schild? An den Neid, die Eifersucht und die Rivalität zwischen ihm und seinen Gefährten? Die langen, stumpfen und beschwerlichen Hausarbeiten, die noch getan werden mussten, obwohl er den Tag schon unter seinem Banner geritten war und gekämpft hatte? Alle diese Dinge, sowie die grobe Behandlung und die vielen Versuchungen, denen er ausgesetzt war, müssen dem künftigen Ritter viele Schmerzen bereitet haben, vor allem, wenn er ein sensibler Mensch war. Viele Zeiten des Zweifelns und der Depression müssen der letzten Nachtwache in der dunklen, leeren Kirche vor dem Tag des Ritterschlags vorangegangen sein.

Ich rate Ihnen, über all dies zu meditieren. Wenden Sie Ihre Visualisierungsfähigkeit an, die Sie erlernt haben, und stellen Sie sich diese Szenen bildhaft vor. Es scheint, als ob sie einfach nur die Darstellungen der rein weltlichen Bedingungen in einem rauen sozialen Umfeld sind, sie sind aber ebenso Gleichnisse der Zustände, die Sie selbst durchmachen müssen. Sicher erinnern Sie sich daran, dass ich Sie zu Beginn Ihrer Ausbildung darauf hingewiesen habe, dass diese Lehrzeit nicht nur »auf Rosen gebettet« ist; dass Sie mit vielen Schwierigkeiten zu kämpfen haben werden. Es war meine Pflicht, Sie darauf aufmerksam zu machen und mir war völlig bewusst, dass diese Schwierigkeiten, die Sie in Ihrer ersten Begeisterung vielleicht bagatellisiert haben, Sie später in Trostlosigkeit und Verzweiflung stürzen würden. Darin scheine ich Recht gehabt zu haben, und so müssen wir nun sorgfältig überlegen, welches die Gründe dieser Schwierigkeiten sind, wie sie überwunden und vielleicht sogar in Möglichkeiten, die zu weiterem Fortschritt führen, verwandelt werden können.

So wie ich über die Ausbildung des Ritters geschrieben habe, sollten Sie diese Dinge als Teil der Ausbildung betrachten, als Werkzeuge zur Umgestaltung Ihrer Persönlichkeit gemäß den Lehren, in die Sie eingeweiht werden.

Diese Persönlichkeit soll zu einem gut funktionierenden Instrument Ihres wahren Selbst werden, und Sie haben die Aufgabe, sie dazu zu machen. Sie müssen sich klar darüber sein, dass das Selbst, mit dem Sie sich normalerweise identifizieren, nicht das wirkliche Zentrum Ihres Wesens ist, obwohl es im Mittelpunkt all Ihrer persönlichen Wünsche und Gedanken steht, was sie ichbezogen macht. Ihr wahres Zentrum ist jener höhere Aspekt Ihres Wesens, über den Sie bereits viel gelernt haben, und in einem bestimmten Stadium wird es nötig werden, ihn wieder zum Mittelpunkt Ihrer Persönlichkeit zu machen, um Selbstverwirklichung zu erlangen.

Die gesamte Ausbildung, die Sie in der Loge erhalten werden, ist auf dieses Ziel ausgerichtet, denn nur wenn Sie Ihren persönlichen Willen völlig diesem höheren Selbst unterordnen, können Sie ein Ritter der göttlichen Legionen werden.

»Der König folgt Christus, und wir folgen dem König«, sagen die Ritter in Tennysons Gedicht und dies ist ebenso im inneren Reich der Fall. Das höhere Selbst folgt immer dem innewohnenden Christus, und das Ich muss lernen, seinem inneren König zu folgen.

Sicher finden Sie, dass dies eine Menge frommer und mystischer Ratschläge sind, die Ihnen nicht viel helfen. Das war zu Beginn meiner Ausbildung auch meine Meinung, doch es ist die notwendige Grundlage für das, was ich Ihnen nun zu sagen wünsche. Sie werden mit Ihrer Ausbildung auf die Aufnahme in die Loge vorbereitet und der wichtigste

Teil dieser Ausbildung besteht darin zu lernen, anderen zu dienen. In der Loge arbeiten wir als Gemeinschaft, und alle, die an den Ritualen teilnehmen, müssen Gruppengeist entwickeln. Alles hängt von der Entwicklung dieses Gruppengeistes ab, denn aus ihm entsteht das so genannte »Gruppenbewusstsein«, durch das die inneren Kräfte gelenkt und kontrolliert werden. Deshalb ist das Lernen innerhalb einer Gruppe für Sie so wichtig. In einer Gruppe ist wenig Platz für eigensüchtiges Brillieren; die Fähigkeiten aller Teilnehmer müssen der Arbeit untergeordnet werden, und diese Unterwerfung des Ichs ist es, die manchen Anwärtern so schwer fällt. Wenn Sie in der Loge jedoch wirkliche Arbeit leisten wollen, ist es überaus wichtig, dass Sie die Fähigkeit, sich in die Gruppe einzufügen, entwickeln. Es ist bei der magischen Arbeit genauso wie bei einer Fußballmannschaft. Teamgeist bedeutet nicht, dass die einzelnen, aus denen das Team besteht, weniger gut spielen, wenn sie zusammenspielen, als wenn sie allein üben. Wenn Sie mit Ihrer Ausbildung weiter fortgeschritten sind, werden Sie merken, dass es bestimmte Teilgebiete gibt, die Ihnen mehr liegen als andere und es ist nichts dagegen einzuwenden, dass Sie sich später auf diese spezialisieren. Doch ebenso wie der Knappe nicht nur mit dem Schwert umzugehen lernen musste, sondern auch mit dem Speer, der Lanze und dem Schild, müssen auch Sie bei jenen Arbeiten gute Fertigkeiten entwickeln; diese Arbeiten, die Sie jetzt schwierig und nicht ansprechend finden.

All dies bedeutet, dass Ihr kleines persönliches Ich viele Erschütterungen erleiden wird und dass es versuchen wird, sich zu behaupten. Im Allgemeinen tut es dies, indem es Emotionen entwickelt, die genau darauf hindeuten, wo der

Schuh drückt! Die häufigste dieser hervorbrechenden Emotionen ist Eifersucht, eine Emotion, die Sie vielleicht in anderen Lebensbereichen, die nichts mit Esoterik zu tun haben, gut beherrschen können.

Falls Sie feststellen, dass Sie auf jemanden eifersüchtig sind, können Sie sicher sein, dass es sich um eine törichte, irrationale Regung Ihres persönlichen Selbst handelt, Ihres »falschen Ichs«, wie es die Psychologen nennen. Oft kommt es vor, dass eine solche Reaktion auf die Arbeit innerhalb der Loge auf Menschen außerhalb übertragen wird und viele Anfänger glauben dann voll Stolz, dass sie durch Befolgung der Anweisungen den Fehler überwunden haben. Dies ist aber nur eine der Methoden, mit denen das falsche Ich sich durchzusetzen versucht. Dies ist einer der Löwen auf dem Weg, der beobachtet und besiegt werden muss. Falls Sie merken, dass Sie auf einen Arbeitskollegen, einen Familienangehörigen oder einen Bekannten eifersüchtig sind, sollten Sie sich bemühen, diese Emotion zu eliminieren.

Ich sage »eliminieren«, doch bei jeder Untugend gibt es als entgegengesetzten Pol eine Tugend und umgekehrt. Die richtige Weise, mit dieser Eifersucht fertig zu werden, besteht darin, nicht direkt gegen sie anzugehen, sondern die okkulte Methode des Ausgleichens einer unausgewogenen Kraft, die die Untugend der Eifersucht darstellt, anzuwenden, und sie so in eine Tugend zu verwandeln.

Dass Sie auf jemanden eifersüchtig sind, bedeutet, dass Sie sich dessen bewusst sind, dass es bestimmte erstrebenswerte Qualitäten gibt. Natürlich identifizieren Sie diese Qualitäten mit Ihren Vorstellungen und Handlungen, doch Ihnen ist klar, dass Menschen bestimmte Qualitäten und individuelle

Fähigkeiten besitzen. Nun müssen Sie Ihre Vorstellungen in positivere, unpersönliche Kanäle lenken. Mit »unpersönlich« meine ich nicht eine kalte Bewertung der Arbeit, sondern eine starke Begeisterung für die Arbeit an sich, ungeachtet Ihrer eigenen Beteiligung daran. Wie auch immer Ihr Bestreben, voll und glücklich in das Gesamtbild zu passen, aussehen mag, sollten Sie ebenso bestrebt sein, Ihren Brüdern bei ihrem Teil der Arbeit zu helfen, genau wie diese bemüht sind, Sie bei Ihrer Arbeit zu unterstützen. Wenn Sie diese Einstellung eine Zeit lang beibehalten, werden Sie sehen, dass sie ein ausgezeichnetes Mittel gegen jede Eifersucht ist. Diese Methode funktioniert auch in allen ähnlichen Fällen.

Die Schwierigkeiten, über die Sie berichten, sind nicht sehr ernst, und da Sie gewissenhaft die Ihnen erteilten Instruktionen befolgt haben, besteht keine besondere Gefahr. Die von Ihnen erwähnten Schwierigkeiten sind wohl bekannt und treten in dem Ausbildungsstadium, in dem Sie sich befinden, häufig auf. Es gibt jedoch noch zwei andere Löwen, die sich Ihnen möglicherweise in den Weg stellen werden. Da sind zunächst die »Gezeiten des Lebens«. Es heißt in der Bibel, dass ein Jegliches seine Zeit hat: »Eine Zeit fürs Säen und eine Zeit zum Ernten; eine Zeit zum Sprechen und eine Zeit zum Schweigen.« Das ist nur allzu wahr, doch zu Beginn dieser Ausbildung vergessen wir manchmal dieses Gesetz des rhythmischen Auf und Ab, und oft bemüht sich der Schüler, gegen den Strom zu schwimmen statt mit ihm.

Hier sehen Sie, wie wichtig es ist, die Tugend der Urteilskraft zu entwickeln: Sie müssen sich dem Strom der inneren Gezeiten anpassen, doch zugleich darauf achten, dass dies nicht zu einer Entschuldigung für mögliche Trägheit wird!

Es gibt vier große Zeitperioden, die Sie, wie alles Leben auf diesem Planeten, beeinflussen. Da Sie den Weg der Magie eingeschlagen haben, werden Sie die Wirkungen dieser Gezeiten jedoch deutlicher zu spüren bekommen als ein Durchschnittsmensch. Ich habe diese Gezeiten in einem meiner früheren Bücher erwähnt, möchte aber noch einmal auf sie eingehen.

Die erste Periode beginnt mit der Wintersonnenwende um den 21. Dezember und dauert bis zur Frühlingssonnenwende im März. Sie wird »Zeit der Zerstörung« genannt und ihr Charakter ist die Zerstörung. Nicht die völlige Zerstörung im Sinne des Wortes, sondern die Zerstörung alles dessen, was im Leben verbraucht und unausgewogen ist. Sie müssen damit rechnen, dass in dieser Zeit alle Zukunftspläne, die Sie aufgestellt haben, durch heftige Gegenwinde der Prüfung ausgesetzt sind. Diese reißen alles ein, was nicht auf Fels gebaut ist. Dies ist sicher sehr förderlich, denn es gibt uns die Möglichkeit, uns von vielem Überflüssigen und Unnötigen, das sich, auch in unserem Innern, angesammelt hat, zu entledigen.

Die nächste Periode beginnt mit der Frühlingssonnenwende und dauert bis zur Sommersonnenwende im Juni. Es ist die »Zeit des Pflanzens und Säens«: Die Zeit, in der wir jene Ideen und Ideale anpflanzen und aussäen sollten, die die Zeit der Zerstörung überstanden haben. Dann kommt von der Sommersonnenwende bis zur Herbstsonnenwende im September die »Zeit des Erntens«: in der wir die Früchte dieser Ideen und Ideale ernten. Diese Ernte ist vielfacher Art; sie versammelt viele Bereiche des Lebens und des Bewusstseins, und damit wir alle Früchte einbringen, ist es wichtig, dass sie auch in der physischen Welt erfolgt. Wer weiter voranzukommen versucht, ohne dies in Betracht zu ziehen, wird es bereuen.

Die letzte Periode ist die »Zeit des Planens«, die bis zur Wintersonnenwende dauert. In dieser Zeit sollte man für die Zukunft planen, die bisherigen Erfolge und Misserfolge untersuchen und seinen allgemeinen Fortschritt überprüfen. Denken Sie immer daran, dass auch vermeintliche Fehlschläge zum Fortschritt beitragen können. Nur wenn man es aufgibt, sich strebend zu bemühen, ist man wirklich gescheitert. Solange man nach jedem Sturz wieder aufsteht, ist nichts verloren.

Die vier Perioden gehen ineinander über und es gibt zwischen ihnen keine scharfe Trennungslinie, so dass mit gemischten Einflüssen zu rechnen ist, wenn eine Periode endet und die nächste beginnt. Sie müssen selbst herausfinden, welche Zeiten für bestimmte esoterische Arbeiten am besten geeignet sind. Bedenken Sie jedoch, dass Sie die Fähigkeit entwickeln müssen, gegen den Strom zu schwimmen, indem Sie Ihre Kräfte auf ähnliche Weise nutzen wie ein Segelboot, das »gegen den Wind kreuzt« und ihm so entgegen fährt.

Der andere Löwe wird »Die Dunkle Nacht der Seele« genannt. Er lauert häufiger auf Menschen, die den mystischen Weg gehen, doch er fällt auch jene an, die Anhänger der okkulten Richtung sind. Es handelt sich um eine schwere seelische Depression, um ein Gefühl des völligen Versagens und der Wertlosigkeit. Die Ursache ist zum Teil der unvermeidliche Kontrast zwischen der Ekstase und der Euphorie, die der Kontakt mit den inneren Welten auslöst, und der Finsternis dieser irdischen Ebene. Zum anderen Teil wird dieser Zustand durch nervliche Überbelastung hervorgerufen. Das beste Mittel dagegen besteht auch hierbei darin, die aktiven Übungen sofort einzuschränken und die Entspannungsphasen auszudehnen. Halten Sie durch und wenn die Gezeiten wechseln, werden Sie aus dem »Sumpf der Verzweiflung« wieder herausfinden.

Glauben Sie nicht, dass Sie vor solchen Dingen bewahrt bleiben, nur weil Sie den esoterischen Weg eingeschlagen haben.

Wie ich schon gesagt habe, meditieren Sie über diese Dinge, und bemühen Sie sich vor allem, die Haupttugend auf diesem Weg zu entwickeln. Sie werden es ebenso schaffen wie viele andere auch.

KAPITEL XV
DIE TORE SIND OFFEN

Es ist schon einige Zeit her, dass Sie sich darüber beklagten, Sie verspürten eine spirituelle »Trockenheit«, und es freut mich, dass Sie die Prüfung gut bestanden zu haben scheinen. Wie Ihre Aufzeichnungen zeigen, machen Sie gute Fortschritte. Es kommt oft vor, dass diese »Dunkle Nacht der Seele« kurz vor einem sehr kritischen Punkt in der Ausbildung hereinbricht. So war es auch in Ihrem Fall, denn zu meiner Freude kann ich Ihnen mitteilen, dass mein Vorgesetzter mir anvertraut hat, dass Sie, falls dies Ihr Wunsch ist, um Aufnahme in die Loge ersuchen können. Ich darf Sie bei Ihrer Entscheidung nicht beeinflussen, doch ich bin verpflichtet, Sie darüber in Kenntnis zu setzen, was alles vor Ihnen liegt, falls Sie diesen Schritt tun sollten.

In der Ausbildung habe ich Ihnen nicht nur eine Lebensphilosophie vermittelt, sondern Sie auch mit der Arbeit vertraut gemacht, die Sie tun müssen, wenn Sie in die Mysterien eingeweiht werden. Außerdem sind Sie mit gewissen inneren Kräften in »Kontakt« gekommen und verbunden worden und diese Kräfte haben Sie auf eine bestimmte Weise geprägt, so dass eine psychische und spirituelle Weiterentwicklung stattgefunden hat.

Nun müssen Sie Ihren Lebensplan nicht nur mit dem Plan Ihres tieferen Selbst, sondern auch mit der Arbeit der Loge, der Sie angehören werden, in Übereinstimmung bringen. Denn das Wirken der Loge beruht, wie Sie nie vergessen dürfen, auf Gruppenarbeit, nicht auf den Bemühungen von Einzelnen, obwohl diese eine wichtige Ergänzung der Gruppenarbeit darstellen. Wenn Sie Mitglied einer Gruppe sind, so hilft Ihnen dies, sich selbst so zu sehen, wie Sie wirklich sind, denn Sie können, wenn Sie Ihre Ergebnisse mit denen der Logenbrüder vergleichen, erkennen, wo Sie Fehler machen, und die Leiter der Gruppe können Ihre Fehler korrigieren.

In der Loge werden Sie als Mitglied einer eng verbundenen Gruppe arbeiten und die Rituale, an denen Sie teilnehmen, werden Sie in das »Gruppenbewusstsein« der Bruderschaft integrieren. Diese Gruppenarbeit ist überaus wichtig, doch wird man außerdem noch viel persönliche Arbeit von Ihnen verlangen. Die Kraft, mit der Sie das Gruppenbewusstsein erfüllt, wird Ihnen oft über Zeiten der »Trockenheit« hinweghelfen und Sie dazu befähigen, den Kontakt mit den inneren Kräften aufrechtzuerhalten. Zugleich aber müssen Sie lernen, allein und ohne diese Unterstützung zurechtzukommen. Diese Kombination von Gruppenarbeit und individuellen Bemühungen ist ein äußerst wichtiger Teil der esoterischen Ausbildung.

Sie werden sehen, dass in der Loge sehr strenge Regeln gelten, und nach diesen Regeln müssen Sie sich bei Ihrer Arbeit richten, doch vergessen Sie nie, dass Sie sich den Regeln des Ordens unterwerfen müssen, nicht dem Willen seiner Oberen, wenn Sie nach Ihrer Treue gefragt werden.

In den Logenversammlungen werden Sie die Möglichkeit haben, alle Fragen und Beschwerden vorzubringen, ohne für die Zukunft Repressalien fürchten zu müssen. Hegen Sie jedoch irgendwelche unterdrückten Gedanken des Neides oder Misstrauens, so werden diese Sie langsam, doch mit großer Kraft, aus dem Gruppenbewusstsein hinausdrängen und schließlich werden Sie die Gruppe verlassen. Doch ebenso wie ein fest im Geist verwurzelter Gedanke Sie aus der Bruderschaft hinaustreiben kann, können positive Bestrebungen durch das Gruppenbewusstsein unterstützt werden, und diese Unterstützung wird es Ihnen ermöglichen, Bewusstseinsebenen zu erreichen, die Sie im gegenwärtigen Stadium nicht erreichen könnten.

Nun möchte ich Ihnen eine Vorstellung von Ihrer Tätigkeit in der Loge vermitteln, falls Sie sich entschließen sollten, ihr beizutreten. Dazu ist es erforderlich, die Arbeit der esoterischen Orden kurz zu schildern. Zuerst müssen Sie die Vorstellung ablegen, die Logen würden jene unheimlichen und grotesken Dinge treiben, wie sie viele Verfasser okkulter Romane schildern. Natürlich gibt es viele kleine Gruppen, die sich auf die spektakuläre Seite der esoterischen Arbeit spezialisieren, doch die Logenarbeit ist eher »langweilig«, bis man unter die Oberfläche vordringt und die wirkliche Arbeit sieht, die vollbracht wird, und dann wird einem auch klar, mit welch mächtigen unsichtbaren Kräften die Loge umgeht.

Nun in aller Kürze eine Darstellung der Arbeit der Bruderschaften. Sie haben derzeit noch keine Möglichkeit, das, was ich Ihnen sagen werde, zu prüfen. Es kann sein, dass Sie viele Jahre lang in der Loge arbeiten müssen, bevor Sie auf Beweise dafür stoßen. Deshalb bitte ich Sie, mir vorläufig einfach zu glauben.

Es gibt einen mächtigen Spirituellen Rat jenseits der Schleier von Zeit und Raum, der diesen Planeten in Wahrheit regiert. Ihm gehören jene »vervollkommneten Geistwesen« an, auf die in allen heiligen Schriften dieser Welt hingewiesen wird und die eine große Hierarchie bilden, die von mächtigen strahlenden Intelligenzen, den »Geistwesen vor dem Thron«, den »Wächtern und Heiligen«, hinab durch viele Seinsgrade bis zu den gewöhnlichen Männern und Frauen reicht, die in ihrem Dienst stehen. Sie erstreckt sich sogar noch tiefer, bis in jenen Bereich, in dem die Elementargeister nach materieller Manifestation streben.

In den echten Mysterienlogen sind alle diese Grade repräsentiert, auch die auf den inneren Ebenen manifesten Mächtigen, die angerufen werden und der Invokation Folge leisten.

In diesen lebendigen Lichtkreis werden Sie bei Ihrer Aufnahme in die Loge eingeführt und nun werden Sie verstehen, warum wir, denen dieses Privileg zuteil wurde, so bedacht darauf sind, dass jene, die wir für die Lichtarbeit anzuwerben suchen, dessen würdig sind. Was wird von Ihnen verlangt, wenn Sie mit verbundenen Augen vor dem Tor der Mysterien stehen? Ihr Führer wird Sie auffordern, dreimal anzuklopfen, und von innen wird jemand antworten: »Wer klopft an?« Sie werden antworten: »Einer, der Ihrer Loge beizutreten und von Ihren Lehrern zu lernen wünscht.« Dann wird Ihnen die entscheidende Frage gestellt: »Warum wünschen Sie unserer Loge beizutreten und von unseren Lehrern zu lernen?« Auf diese Frage gibt es nur eine Antwort, die Ihnen Ihr Führer vorsprechen wird: »Ich wünsche zu wissen, um anderen dienen zu können.« Diese Worte, die Sie mit dem Mund sagen, müssen Sie mit Ihrem Herzen bekräftigen und dabei darf es keine Doppelzüngigkeit geben, denn sonst wird die Initiation misslingen. Und auch wenn Sie der Loge beitreten, werden Sie von Ihren Brüdern abgeschnitten sein und im Lauf der Zeit von der Loge ausgeschlossen werden, so wie ein Fremdkörper von einem lebendigen Organismus auf natürliche Weise ausgestoßen wird. Denken Sie darüber sorgsam nach, denn es ist besser, sich vom Tor des Tempels abzuwenden als mit einer Lüge auf den Lippen einzutreten.

Wenn Sie sich entschließen, der Loge beizutreten, müssen Sie bereit sein, sich ihrer Disziplin zu unterwerfen. Da Ihnen bereits einige Lehren vermittelt wurden und Sie schon einige Fertigkeit in der magischen Arbeit erlangt haben, denken Sie vielleicht, dass Sie die Grundausbildung in der Loge nicht brauchen. Falls Sie dies glauben, wäre es ein Irrtum. Der Zweck der Grundausbildung in der Loge besteht nicht nur darin, den Neophyten mit bestimmten Lehren vertraut zu machen, sondern ihn auch, was von größter Wichtigkeit ist, in das Gruppenbewusstsein der Bruderschaft zu integrieren.

Deshalb bestehen alle anerkannten Mysterienlogen auf dieser Grundarbeit, ganz gleich, über welches Wissen und welche Erfahrungen der Neuling bereits verfügen mag. Wenn er solches Wissen besitzt, wird sogar besonders darauf geachtet, dass er sich der Disziplin unterwirft. In meinem Fall war dies so und später erkannte ich, dass dies nicht nur zu meinem Nutzen, sondern auch zum allgemeinen Wohl der Loge geschah.

Sie sollten deshalb nicht den Mut verlieren, falls Sie die Ausbildung anfangs etwas langweilig finden. Denken Sie daran, dass Sie nicht nur dazu dient, Sie in das Gruppenbewusstsein Ihrer Bruderschaft zu integrieren, sondern dass auch Ihr Charakter geschult wird, damit Sie Ihren Platz in den Reihen der Diener des Lichts einnehmen können; Sie müssen als Holzhacker und Wasserträger für Ihre Brüder »Ihre Zeit abdienen« und auch Dienst als Türhüter des Tempels verrichten, bevor Sie Ihren Platz zwischen den Säulen des Throns des Ostens einnehmen dürfen.

In Ihrer Loge gibt es verschiedene Grade, die Sie durchlaufen müssen und jeder Grad hat seine eigene Aufgabenstellung und seine eigenen Methoden. Doch alle führen zur aktiven Teilnahme an der Arbeit der Bruderschaft. Die Bruderschaft ist das irdische Pendant eines unsichtbaren Ordens und all Ihre Arbeit ist darauf ausgerichtet, Sie beim großen Werk der Erneuerung Ihres Selbst zu unterstützen, damit Sie ein Magier werden und sich in die Heerscharen des Lichts einreihen können. Da Ihnen gemäß Ihres Grades alle Hilfsmittel der Loge zur Verfügung stehen, müssen Sie alle Kräfte und Fähigkeiten, die Sie erlangen, in deren Dienst stellen.

Denken Sie daran, wenn Ihnen die Last des Alltags zu schwer wird und wenn Ihnen der Weg langweilig und uninteressant erscheint.

Wenn Sie der Loge als Neophyt beitreten, wird man Sie auffordern, einen bestimmten Eid abzulegen und in manchen Logen wird dieser Eid dem Neophyten vor seinem Eintritt gezeigt, damit er weiß, dass man von ihm verlangen wird, nur gemäß dem wahren moralischen Gesetz zu handeln. Man wird nie von ihm fordern, dieses Gesetz bei seiner esoterischen Arbeit zu übertreten oder irgendeiner Person in der Loge unbedingten Gehorsam zu leisten, denn gehorchen muss er nur den Regeln der Bruderschaft; und alle, von jenen, die die Loge leiten, bis zum letzten Lehrling, »sind diesen Regeln verpflichtet«. Denken Sie stets daran.

Glauben Sie sich nicht, wie ich bereits schon sagte, in einer spektakulären, glamourösen Loge wiederzufinden, wie sie viele Schriftsteller okkulter Literatur gerne darstellen. Sollten

Sie sich jemals in solch einer Umgebung wiederfinden, ist das ein Signal für Sie, dort so schnell wie möglich wieder zu verschwinden.

Was Sie finden werden in der Loge, in die Sie aufgenommen werden, ist ein einfaches, doch würdevolles Ritual, eine Lehre, die Ihnen viele Fragen beantworten wird, sowie eine Ausbildung, die Ergebnisse zeigen wird. Diese Ergebnisse hängen natürlich von der Ausdauer und Energie ab, die Sie aufwenden, doch ich kann Ihnen aus eigener Erfahrung versichern, dass dies ein Weg ist, der Sie, wenn Sie ihm mit Ausdauer, Urteilsvermögen und Energie folgen, wie viele andere ins Licht führen wird.

Jenseits dieses Weges liegen die so genannten Größeren Mysterien mit vielen weiteren Graden, doch diese Höhen werden Sie nur erreichen, wenn Sie die Könige der unausgewogenen Kräfte in Ihrem Wesen besiegt haben. Die rauen Quadern Ihrer jetzigen Persönlichkeit müssen zuerst behauen und geschliffen und zu dem glänzenden Würfel geformt werden, der eine wahrhaft erneuerte Persönlichkeit darstellt.

Unsere nächste Begegnung wird in der Loge stattfinden, wo Sie im sanften Schein der ewigen Flamme über Ihrem Kopf und des Lichts auf dem Altar, das seine Strahlen auf dessen Symbole wirft, den Eid auf die Mysterien leisten werden, und ich werde Ihnen, im Osten stehend, diesen Eid abnehmen und Sie kraft meines Amtes in unsere Bruderschaft aufnehmen.

Die Tore stehen offen – treten Sie ins Licht.

WEITERE BÜCHER AUS DEM AURINIA VERLAG

Gareth Knight, »Licht auf Dion Fortune – eine der bedeutendsten Persönlichkeiten des 20. Jahrhunderts«
120 S., ISBN 978-3-937392-01-1

Gareth Knight, »Licht auf Kabbala – Die Schlüssel zum Verständnis der Hermetischen Kabbala«
108 S., ISBN 978-3-937392-02-8

Gareth Knight, »Licht auf übersinnliche Kommunikation«
ca. 100 S., ISBN 978-3-937392-03-5

Gareth Knight, »Licht auf die Artus-Legende«
ca. 100 S., ISBN 978-3-937392-04-2

Gareth Knight, »Licht auf historische Bilder der Magie«
ca. 100 S., ISBN 978-3-937392-05-9

Gareth Knight, »Licht auf Hohe Magie«
ca. 100 S., ISBN 978-3-937392-06-6

Gareth Knight, »Das ist Okkultismus – eine Einführung«
320 S., ISBN 978-3-937392-08-0

Gareth Knight, »Die Symbole der Heiligen Kabbala – das Praxisbuch«
Paperback, ISBN 978-3-937392-83-7

Dion Fortune, »Die kosmische Doktrin – Big Bang, Chaosforschung und Evolution«
320 S., ISBN 978-3-937392-07-3

Dion Fortune, »Die mystische Kabbala – Der Yogaweg des Westens«
192 S., ISBN 978-3-937392-12-7

Lazarus Goldschmidt, »Sefer Jesirah – Das Buch der Schöpfung«
104 S., ISBN 978-3-937392-14-1

Gershom Scholem, »Sefer ha-Bahir. Das Buch Bahir – Ein Schriftdenkmal aus der Frühzeit der Kabbala«
180 S., ISBN 978-3-937392-15-8

Drei Eingeweihte, »Das Kybalion – Die 7 hermetischen Gesetze. Die geheime Quelle von Dan Browns ›Das verlorene Symbol‹«
128 S., ISBN 978-3-937392-17-2

Drei Eingeweihte, »Das Kybalion – Die sieben Gesetze des Hermes Trismegistos«
4 CD in Jewelcase, ISBN 978-3-937392-51-6

Thomas de Quincey, »Bekenntnisse eines englischen Opiumessers – Sonderedition«
148 S., ISBN 978-3-937392-19-6

Thomas de Quincey, »Suspiria de Profundis – Seufzer des Verderbens. Eine Fortsetzung der Bekenntnisse eines englischen Opiumessers – Sonderedition«
140 S., ISBN 978-3-937392-20-2

Satprem, Mutters Agenda 1951 – 1973 – Gesamtwerk in 13 Bänden
Paperback, ISBN 978-3-937392-34-9
(Einzelbände ebenfalls erhältlich)

Eiji Yoshikawa, »Musashi. Legendärer Samurai und weiser Zen-Meister. Roman.«
ca. 1200 S., ISBN 978-3-937392-38-7

Anna Nikolena, »Mascha – die magische Agentin – Das Glashaus. Ein spiritueller Kriminalroman.«
164 S., ISBN 978-3-937392-47-9

Abbé de Villars, »Der Graf von Gabalis – Gespräche über die verborgenen Wissenschaften. Ein Rosenkreuzer-Roman«
ca. 120 S., ISBN 978-3-937392-49-3

William Walker Atkinson, »Reinkarnation und Karma«
160 S., ISBN 978-3-937392-54-7

William Walker Atkinson, »Die Astralwelt«
100 S., ISBN 978-3-937392-56-1

Felix Sendner, »Die wahren Geheimnisse des Wünschens. Hintergründe der Wunscherfüllung.«
68 S., ISBN 978-3-937392-57-8

Walter E. Butler, »Die Aura – Sehen und Deuten«
86 S., ISBN 978-3-937392-58-5

Walter E. Butler, »Telepathie – Die Geheimnisse der geistigen Kommunikation«
92 S., ISBN 978-3-937392-59-2

Walter E. Butler, »Hellsehen – Der Weg zur außersinnlichen Wahrnehmung«
101 S., ISBN 978-3-937392-60-8

Walter E. Butler, »Magische Lehrstunden – Der Meister und sein Schüler«
180 S., ISBN 978-3-937392-63-9

Walter E. Butler, »Die magische Kabbala – Die Pforten des Lichts«
138 S., ISBN 978-3-937392-64-6

Walter E. Butler, »Heilige Magie – Der lichtvolle Pfad des Meisters«
104 S., ISBN 978-3-937392-81-3

Walter E. Butler, »Das Praxisbuch des Magiers«
ca. 260 S., ISBN 978-3-937392-82-0

Walter E. Butler, »Psychometrie – Gegenstände magisch lesen«
ca. 100 S., ISBN 978-3-937392-88-2

Walter E. Butler, »Die Walter E. Butler Gesamtausgabe – alle 8 Bände im Schuber«
Telepathie – Die Geheimnisse der geistigen Kommunikation / Hellsehen – Der Weg zur außersinnlichen Wahrnehmung / Magische Lehrstunden – Der Meister und sein Schüler / Die magische Kabbala – Die Pforten des Lichts / Heilige Magie – Der lichtvolle Pfad des Meisters / Das Praxisbuch des Magiers / Psychometrie – Gegenstände magisch lesen
8 Paperbacks im Schuber,
ISBN 978-3-937392-84-4

Eliphas Lévi, »Die Geschichte der Magie«
Paperback, ISBN 978-3-937392-65-3

Eliphas Lévi, »Einweihung in die Hohe Magie und Zahlenmystik«
Paperback, ISBN 978-3-937392-66-0

Eliphas Lévi, »Transzendentale Magie. Der Klassiker neu überarbeitet mit hochwertigen Reproduktionen«
ca. 520 S., ISBN 978-3-937392-68-4

Eliphas Lévi, »Das Buch der Weisen«
Paperback, ISBN 978-3-937392-69-1

Eliphas Lévi, »Der Schlüssel zu den großen Mysterien. Henoch, Abraham, Hermes Trismegistos und Salomon«
Paperback, ISBN 978-3-937392-70-7

Eliphas Lévi, »Das große Geheimnis«
Paperback, ISBN 978-3-937392-79-0

Paul Chacornac, »Eliphas Lévi – Der Erneuerer der westlichen magischen Tradition.«
Biografie, ISBN 978-3-937392-09-7

Eliphas Lévi, »Die Eliphas Levi Gesamtausgabe – alle 7 Bände im Schuber«
Die Geschichte der Magie / Einweihung in die Hohe Magie und Zahlenmystik / Transzendentale Magie / Das Buch der Weisen / Der Schlüssel zu den großen Mysterien. Henoch, Abraham, Hermes Trismegistos und Salomon / Das große Geheimnis/ Paul Chacornac »Eliphas Lévi – Der Erneuerer der westlichen magischen Tradition.«
7 Paperbacks im Schuber,
ISBN 978-3-937392-85-1

Thomas Cleary, »Das Geheimnis der Goldenen Blüte. Das klassische Meditationshandbuch des Taoismus.«
176 S., ISBN 978-3-937392-80-6

Gerald B. Gardner, »Die Weisheit der Wicca – Das legendäre Buch ›Witchcraft Today‹«
180 S., ISBN 978-3-937392-87-5

Dr. Israel Regardie, »Entspannung leicht gemacht. Das Praxisbuch für den Alltag.«
80 S., ISBN 978-3-943012-44-6